Bilder in der Zeitung

Bildredaktion
Andreas Kuther
Dirk Zimmer

Bilddokumentation
Klaus Brandstetter

Bildtexte
Peter Sturm

Bilder in der Zeitung

Journalistische Fotografie 1949 - 1999

Herausgegeben von Christian-Matthias Pohlert
Mit Betrachtungen von Eckhard Fuhr
Grafisch gestaltet von Peter Breul

Keyser

Die erste Ausgabe mit
dem ersten Bild auf Seite 3

Frankfurter Allgemeine

ZEITUNG FÜR DEUTSCHLAND

Probenummer

Herausgegeben von Hans Baumgarten, Erich Dombrowski, Karl Korn, Paul Sethe, Erich Welter

…ankfurt / Dienstag, 1. 11. 1949

Zeitung für Deutschland

…nsere Leser haben heute die erste …mmer der „Frankfurter Allgemeinen …tung" vor sich. Dieses Blatt setzt die … Arbeit fort, die in Mainz … Zeitung" begonnen …

dern ihre geistigen Hintergründe aufzusuchen. Dies alles also wollen wir redlich; aber wir glauben, zu diesem neuen Typ von Zeitung müßte auch eine beträchtliche Volkstümlichkeit, ein Ansprechen breiter Schichten — ohne ihre Um… — gehören. Natürlich den… die sich mit …

lichste, aufregendste, herrlichste Sache von der Welt. Aber auch für uns wird er seelenlos, wenn er um seiner selbst willen betrieben wird. Wir möchten noch einiges mehr, als nur eine gute Zeitung machen. Wir möchten in einer Zeit, in der die Freiheit keineswegs allein durch die Diktatoren; sondern ebenso durch Vermassung, durch Trägheit und Unduldsamkeit … das lebendige Gefühl für … irdischen Güter …

In Berlin

he. Ganz Deutschland schaut in diesen Tagen nach seiner früheren Hauptstadt. Selten ist ein Staatsoberhaupt so sehr der Dolmetsch von Gefühlen einer ganzen Nation gewesen als gestern, da Theodor Heuß zu den Hunderttausenden auf dem Platz vor dem Rathaus sprach. Seine Zuhörer waren unsichtbar nicht nur die Millionen Menschen aus den Westzonen, sondern auch alle die siebzehn Millionen, die auch nach der Errichtung des mitteldeutschen Staates weiter unter russischer Herrschaft leben. Wie sehr auch immer …wirklichen Empfindungen nieder… Wirklichkeit weiß doch alle Welt, daß auch die Bewohner der Gebiete östlich der Linie von Lübeck nach Kassel in Theodor Heuß ihren Präsidenten sehen.

Inzwischen ist deutlich geworden, daß die Bundesrepublik für ihr notleidendes zwölftes Land mehr übrig hat als nur symbolische Gesten. Der Finanzminister hat in der letzten Sitzung des Bundestages einiges von dem Programm mitgeteilt, das Westdeutschland für Berlin bereit hält. Diesem Programm liegen mehr als Nützlichkeitserwägungen zu Grunde. Dahinter steht die Ueberzeugung, daß, wenn wir gemeinsam leiden, wir gemeinsam leiden wollen, und daß, wenn wir wieder aufsteigen, wir gemeinsam diesen Weg gehen wollen.

Inhalt

Vorbild 5

Bilder in der Zeitung 13

Betrachtungen

Von Frankfurt sieht man nur Steine 21

Daheim und unterwegs 89

Kritische Theorie und Go-go-Girls 117

Bräute 137

Der Schienenbus 181

Aufregende Zeiten 195

Körperkultur 237

Der Terrier 283

Schröder 319

Die Autoren 343

Bilder auf der ersten Seite? 347

Dank 348

Mit ihren Bilder-Seiten
knüpfte die Frankfurter Allgemeine
an die Tradition der
„illustrierten" Zeitungen aus der
ersten Jahrhunderthälfte an.
Schon Fritz Fenzl, der erste Fotograf
der Redaktion, beherrschte
die Reportage ebenso wie die
künstlerische Fotografie.

FRANKFURTER ALLGEMEINE ZEITUNG

Dienstag, 11. Oktober 1955 / Nr. 236

Leid: Wiederfinden und vergebliches Suchen

In der Heimat

Di. Dieses Jahrzehnt einer Gefangenschaft können sie nicht verleugnen. Sie können es auch nicht vergessen. Ihnen mag es daher am trefflichsten anstehen, uns klarzumachen, was Freiheit ist, wenn wir bisweilen mit einer Freiheit, die uns gegeben, nichts anzufangen wissen. Diese Art einer Gefangenschaft ist wohl die härteste Form einer Freiheitsberaubung. Daß es dazu kam, geht auf Kosten einer halsstarrigen Politik. Zurück nun kommen Menschen, die ein Gespür haben für das, was sie einst an die Moskwa getrieben hat. Sie werden Warner alles Unklugen sein.

In den Augen der Heimgekehrten finden wir den untrüglichsten Spiegel ihrer Empfindungen. Diese Augen werden stumpf bei der traurigen Rückschau und entschlossen bei der Forderung, alle, ausnahmslos alle noch festgehaltenen Kameraden und Freunde, müßten freikommen. In den Augen stehen Dank bei der Erwähnung des harten Einsatzes im Moskauer deutsch-sowjetischen Gespräch und Tränen bei dem Gedanken, endlich frei und in der Heimat zu sein. Noch etwas spricht aus diesen Augen: die schüchterne Neugierde eines Kindes, das zum ersten Male nach einem bunten Ball greift. Das Staunen über die verchromten Busse, da…

FRANKFURTER ALLGEMEIN…

In Rußl…

Ein Smaragd für 3500…

Moskau, im …

Ein Juweliergeschäft in … Prachtstraße Petrowska … mehrkarätigen Smaragd … 35 000 Rubel ausgestellt. …

Frankfurter Allgemeine
WOCHENENDAUSGABE
Samstag, 7. September 1957
BILDER UND ZEI

Freitag, 23. Oktober 1953 / Nr. 247 / Seite 5
Deutschland und die Welt

esellschaftlichen Stil?

edrich Sieburg

men, daß eine Gruppe von Leuten versucht, Gesellschaft zu sein, und daß sie sich zu diesem Zweck bemüht, durch Nachahmung einen Stil vorzutäuschen. Wir haben es also mit Fiktionen zu tun, die freilich machtvoll sind.

Es gehört zum Wesen der Zusammenbrüche und des Wiederaufbaus, daß bestimmte Formen verschwinden, ohne daß neue an ihre Stelle treten. Wenn der Rauch der Brände und der Staub des Schuttes sich verzogen haben und der nimmermüde Mensch sich entschließt, von vorne anzufangen, so stößt er zunächst auf ein Vakuum, das zwar schwindelerregend ist, aber auch große Chancen bietet. Die Möglichkeit, Neues zu schaffen, ist mit einem Schlage da und wird — bis zur nächsten Katastrophe — nie wiederkommen. Leider fallen Chance und Talent nur selten zusammen, und so entstehen architektonische, politische und soziale Verlegenhei-ten, die mit Schimpf-worten wie „effekt-hascherischer Avan-gardismus" oder „R-stauration" bekämp-werden.

herzigen Prominentensprößlings, und w… gleichen einfallsloser Schnickschnack mehr ist. Gewiß sind diese Gewohnheiten höchst albern und können, da sie in strengen Gegenseitigkeitsverfahren abgewickelt werden, keine produktive Ueberraschung zeitigen. Aber notwendig sind sie, und zwar diesseits und jenseits sämtlicher Vorhänge, weil sie ein unvermeidliches Anhängsel staatlicher Würde und Machtentfaltung sind und eine Starrheit garantieren, die überall da nützlich ist, wo ein allzu persönliches Treiben aus politischen Gründen nicht gewünscht wird. Wenn man sich klarmacht, …

Es ist ein sehr alberner Sport … daß Leute mit einer guten Kinderstube — sie nennen es auch „Stall" oder „Kiste" — sich über einen Aufgestiegenen lustig machen, der zu einem jungen Mann sagt: „Darf ich Ihnen meine Frau Gemahlin vorstellen?" Das Lachen über diesen mißglückten Versuch, mondän aufzutreten, verfliegt schnell. Aber das Problem bleibt, warum dieser Mann versucht, Formen zu kopieren, über deren endgültigen Untergang er täglich im „kulturellen Teil" seiner Zeitung geistvolle Abhandlungen lesen kann.

„Die Armen", hat Hendrik de Man gesagt, „versuchen nach wie vor, die Reichen nachzu-…" Richtig, aber wen ahmen die Reichen … diejenigen ihr Vorbild, … zu Konsumenten … reich,

…Mehrzahl ergab. Es hat nie Privilegien …en, die nicht auf Kosten anderer erwor-…und genossen wurden. Aber man tut gut …, die Entrechtung von einst, die von den …nädigten meist als Teil der Ordnung an-…nnt wurde, mit ähnlichen Schäden von …e zu vergleichen, zu deren Auffindung … schon sehr weit reisen muß. Die Fähig-… vorbildlich zu sein und eine Harmonie …uleben, die den übrigen Schichten …

dere Schwierigkeit besteht … heute, vor allem in der … das öffentliche Leben mit ei… präsentation verbinden möc… dung ist unvermeidlich, ja … denn kein Staatswesen od… träger kann sich ganz o… Zeremoniell sichtbar mac… oder England …

…gibt es reiche Leute
… und teure Automobile finden ihre Käufer

(AP) …oskauer … einen …se von …efähr so … in vier-…eninhaber …as Schau-…e, daß er …en könnte. …aß die so-… sei, fragt … viel Geld … „Pobeda"-…nd Rubel …arke Nach-… eine lange … dem einzi-…mmelt. … Oberschicht …zieren, insbe-…en der Armee …e hohen Ver-… und Wirt-… Spezia-

dukte. Schließlich verfügen auch einige Aerzte und andere Fachleute über einträgliche Privatpraxen. Hinzu kommt noch, daß viele wichtige Stellungen mit kostenlosen Wohnungen, Dienstwagen und ähnlichen Privilegien verbunden sind. Die Einkommensteuer ist niedrig. Der höchste Satz beträgt dreizehn Prozent für „Arbeiter und Angestellte" — eine Kategorie, in die die meisten Angehörigen der Oberschicht einbezogen werden.

Die Oberschicht vergrößert sich ständig, da der Staat vielgestaltiger wird und der Bedarf an leitenden Männern und Spezialisten wächst. Der Aufstieg in die Oberschicht ist nicht leicht. Erziehung, Talent, harte Arbeit und gelegentliche Intrigen spielen eine wesentliche Rolle. Einigen gelang der Uebergang aus den vorrevolutionären höheren und mittleren Schichten. Die Mehrzahl jedoch ist aus Arbeiter- und Bauernfamilien hervorgegangen. Die letzteren stehen besonders fest zum Sowjetregime, das ihnen die Aufstiegsmöglichkeiten geboten hat. Auch heute ist Arbeiter- und Bauernkindern der Zutritt … der Oberschicht noch nicht versperrt, wenn … fleißig sind; aber die neue … sich den

Die Autorenfotografie wurde bereits in den frühen Jahren der Frankfurter Allgemeinen Zeitung als eigenständige journalistische Gattung gepflegt.

Samstag, 29. Se

Stürmische See / v

Montag, 25. Januar 1965 / Nr. 20

FRANKFURTER ALLGEMEINE ZEITUNG

Churchills Lebensgang

Sir Winston Churchills Leben, das etwas über neunzig Jahre gewährt hat, überdeckte ein so breites Feld der Aufgaben und der Leistungen, der Berufe und der Interessen, wie es selbst bei einem Angehörigen dieser Generation seinesgleichen nicht findet. Journalist und Soldat, Schriftsteller und Politiker war Churchill, und etwas von allem blieb er in jeder dieser Verkörperungen, aus dem einen zog er Kraft und Farbe für das andere. Churchill begann als Soldat. Am 30. November 1874 als Sohn des konservativen Politikers Lord Randolph Churchill und einer amerikanischen Mutter in Blenheim Castle geboren, Harrow-Schüler, ging Churchill bis zu seinem zwanzigsten Lebensjahr auf die Militärakademie Sandhurst. Ein Jahr später trat er in das 4. Husarenregiment ein. In jenen bewegten Jahren öffneten sich dem jungen Soldaten die Welt und — wobei die guten Beziehungen des Vaters und auch der Mutter mitsprachen — die Spalten von Zeitungen, denen Churchill Schilderungen des Erlebten lieferte. Churchill nahm am Kampf gegen die Guerillas auf Kuba, gegen den Pathan-Aufstand im Nordwesten Indiens, am Sudan-Feldzug Kitcheners teil. Hierüber durfte Churchill schon für die angesehene „Morning Post" berichten. Den Abschluß der Lehrjahre, der Zeit des Abenteuers als Soldat und Berichterstatter von Kriegsschauplätzen bildete die Teilnahme am Burenkrieg mit dramatischen Episoden von Gefangennahme und Flucht.

Ein Wanderer zwischen den Parteien

Im Jahre 1900 wurde das Kapitel im Lebensbuche Churchills eingeleitet, das „Der Parlamentarier" überschrieben ist. Zunächst war Churchill als Abgeordneter der Konservativen ins Unterhaus gewählt worden. Er trat bald zu den Liberalen über, die damals die starke Gegengruppe der Konservativen im britischen Zweiparteiensystem bildeten. Churchills Jungfernrede im Parlament zeigte die Grenzen seines Rednertalents, aber auch die unbändige Energie, mit der er diese Grenzen überwand. Kein geborener Redner, arbeitete er jede seiner Parlamentsreden sorgfältig aus. Für die erste Runde hatte er mehrere Varianten vorbereitet, von deren einer er hoffte, daß sie sich in den Lauf der Debatte als scheinbar improvisiert einpassen würde.

1907, dreiunddreißigjährig, übernahm Churchill sein erstes Regierungsamt ... Parlamentarischer ...

Nach Gordo...

LONDON, ... Premierminister ist ...

Pferdestärken und Prestige

Frankfurter Allgemeine
WOCHENENDAUSGABE

956

BILDER UND ZEITEN

Nummer 228

muß, hat der Mann seinen Schützlingen doch gezeigt, daß Kontakte von Mensch zu Mensch wert sind, gepflegt zu werden. Denn das wissen sie nicht, und darum ist die Welt für sie eine dreckige Welt, eine Welt, die abgewertet werden muß. Wie einer denkt, sagt Goethe, zeigt, was ihm fehlt.

Ein westdeutscher Polizeipräsident — relata refero — dachte, es sei gut, wenn seine Mannen einen Auflauf Halbwüchsiger mit gezielten Hieben zerstreuten. Zeitungen berichteten es triumphierend, und manche Leute kamen sich offenbar außerordentlich schlau vor. Armseligere Psychologie hat es nie gegeben. Denn abgesehen davon, daß die Polizei ihre Knüppel zum Selbstschutz und nicht zu pädagogischen Uebungen erhielt, mithin der Verdacht sich einstellt, daß sie nicht so schutzbedürftig gewesen sein kann, solange sie Zeit hatte, systematisch unter den Gürtel zu schlagen — davon abgesehen, ist's gerade die Attitüde des Steißtrommlers als Obrigkeit, die Halbwüchsige und Erwachsene einander entfremdet. Man kann vielleicht nicht hoffen, daß der schlechtberatene Mann sich privat mit den jungen Leuten unterhält, aber als Polizeichef müßte er über die Anfänge der Jugendpsychologie mindestens so weit informiert sein wie eine Kindergärtnerin im ersten Lehrjahr. Die lernt nämlich als erstes, daß Autorität und Angst einander spinnefeind sind. Wo Angst herrscht, kann sich keine Autorität … blieren …

klärten, sie hätten Angst vor dem Leben? Was Mitscherlich den Kaspar-Hauser-Komplex nennt, die seelische Erkrankung durch Mangel an Nestwärme in der Kindheit, ist fortgepflanzte Angst vor der sozialen Ueberorganisation, die den Kindern die Mutter, dem Freund die Freundin, der Schauspielerin das Publikum, den Werten das Gemeinsame und der Gesellschaft ihre Autorität entzieht. Ein Viertel der westdeutschen Kinder unter 17 Jahren wächst unbehütet auf.

Wie aber soll der Mangel ausgeglichen werden, wenn nicht durch Gemeinschaft? Und wie soll Gemeinschaft entstehen, wenn nicht durch organisationsfeindliche Organisation? Alle Halbstarken zeigen eine ausgesprochene Feindschaft gegen etablierte Verbände, Sportvereine und dergleichen. Sie fürchten die Entleerung ihrer Bande. Und mit Recht. Denn es gibt keinen Ausweg aus diesem Dilemma. Genau wie die Wirtschaftsverbände, die als Schutz vor der Konkurrenz entstehen, nicht umhin können, den Wettbewerb zu steigern, indem sie ihre Macht in ihn hineintragen, genau so errichten die Blasen neue Trennwände, wo sie gegen die der Umwelt angehen. Vielleicht aber hilft uns ihre höhnische Relativierung der Institutionen, eines Tages von deren Ueberschätzung abzurücken. Zweifellos wäre mehr Gerechtigkeit in der Welt, wenn wir weniger Respekt vor den Firmen, Aemtern und Funktionen und mehr vor den Leuten hätten, die in ihnen arbeiten.

Die Halbschwachen

Keine Halbstarken ohne Halbschwache. Das zeigt sich immer wieder bei Zwischenfällen, wenn die Erwachsenen, zumeist aus Mangel an Solidarität, darauf verzichten, sich durchzusetzen. Man kann es auch von Halbstarken selber hören, wenn man mit ihnen spricht. In der Regel bedauern sie, daß ihnen diese oder jene Entscheidung nicht abgenommen wurde, daß auf diesen oder jenen Chef, Lehrer oder Alten kein Verlaß ist.

Dabei entwickeln sie ein verblüffendes Fingerspitzengefühl für das, was wahr und was Vorwand ist in der Argumentation, im Verhalten ihrer Partner. Die meisten dürften, in den Grenzen ihres unentwickelten Verstandes, auch die illustrierten Vordergründe unseres Wunderlandes durchschauen. Kurz: sie sind alles andere als wertblind. Es wäre ein grober Irrtum, sie als geistig unbeweg… Opfer der Nachrichtentechnik … books, Kriminalreißern … zu bezeichnen … die so …

setzung sind gem… sam anerk… hat…

FLUCHT IN DIE BANDE

Moped-Jugend und die Frage der A…

Nummer 275

FÜR DIE FRAU

…, 26. November 1955

Nr. 263 E
Herausgeg
Kohl will sich „bald“ mit Krenz
Clowns und Pantomimen des Frauenzirkus nehmen weniger die Männerwelt als sich selbst auf den Arm. Unten singen die saùberkeitswütigen
Mittwoch, 14. August 1968 / Nr. 187
KARTOFFEL-GROSSHANDLU
Vorhang zu

In den sechziger, siebziger und achtziger Jahren prägen Wolfgang Haut, Lutz Kleinhans und Barbara Klemm mit ihren Bildern das Erscheinungsbild der Zeitung.

Dienstag, 6. April 1999, Nr. 79 / Seite 3

…llgemeine Zeitung

Politik

…ie hitzigen Aufwallungen …des Kosovo sind abgeklungen

…n / Von Carola Kaps und Klaus-Dieter Frankenberger

Montag, 21. Juni 1999, Nr. 140 / Seite 3

…ni. Man könnte meinen, …n Freunde: Der russische …umarmt den deutschen …t demonstrativer Herz- …an ihm fest und erweckt …ck, als könne das rus- … russisch-westliche Ver- … sein. Vergessen scheint …m den Status der russi- …Kosovo, Vergangenheit …uch aus einem Gefühl …ungsverlusts gespeiste … Vorgehen der Nato … vielleicht ist die mor- …g vor dem Römisch- …um in Köln – die an- …erweil noch im Dom …ndacht – tatsächlich …ngsbedürfnis der rus- …glicherweise ist es ein …eren Einvernehmens … Deutschen ungeach- …s seit Mitte März. …r den Gipfeltagen …ücklich darauf hin- … Einbin-

jedoch, Rußland einigt sich mit dem Internationalen Währungsfonds und betreibt eine glaubwürdige und auf Dauer angelegte Wirtschaftspolitik. Damit dies auch geschieht, wollen die westlichen Länder ein wenig nachhelfen, indem sie den Dialog über wirtschaftliche, soziale und strukturelle Fragen mit Rußland intensivieren und auf die Regionen ausdehnen.

Beim Thema Jugoslawien scheinen die hitzigen Aufwallungen der vergangenen Tage abgeklungen; aber nicht alles ist eitel Sonnenschein. Ging es bei den russisch-amerikanischen Verhandlungen in Helsinki über Sektoren und Stationierungszonen, Status und Kommandostrukturen, geht es in Köln um die Bedingungen der Wiederaufbauhilfe für den Balkan, für das Kosovo insbesondere und eines Tages auch für Jugoslawien. Während Präsident Clinton und Premierminister Blair nicht den geringsten Zweifel daran lassen, daß Serbien nur dann in den Genuß westlicher Wiederaufbauhilfe kommen könne, wenn das Land den Weg der Demokratie und der Marktwirtschaft beschreite und in Belgrad … Präsident Milošević das Sagen … seiner Verurtei- … Nato

Foto Frank Röth

… komme es aber darauf an, Rußland … auf Vordermann zu …

…kfurter Allgemeine Zeitung

Politik

Freitag, 14. Mai 1999, Nr. 110 / Seite 3

Tritte und Schläge von den Kriegsgegnern

BIELEFELD, 13. Mai. Psychoterror war das, was die Delegierten auf dem Weg zum Sonderparteitag von Bündnis 90/Die Grünen in Bielefeld erdulden mußten. Auf der einen Seite versperrten sogenannte Autonome den Weg zur Seidenstickerhalle, bis die Polizei mit erheblichem Personaleinsatz eine Gasse schaffte. Auf der anderen Seite, dort, wo der Haupteingang ist, geriet der Zugang zum Spießrutenlauf. Die Delegierten wurden zum „Kriegsparteitag“ begrüßt und als „Kriegsbefürworter“ beschimpft. Etliche wurden an den Haaren gezogen, getreten und geschlagen, „damit sie spüren, wie weh Krieg tut“ … Schlauch, dem Fraktionssp… nen im Bundesta… Mörder“-Ruf… sich …

Bilder in der Zeitung

Die Seite drei ist noch heute Stammplatz für das große politische Bild. Neue Technik ermöglicht auch tagesaktuelle Bildberichterstattung: Wolfgang Eilmes aus Albanien, Frank Röth vom G-8-Gipfel in Köln und Helmut Fricke vom Parteitag der Grünen.

Ohne Bild auf der ersten Seite – das trägt zur Unverwechselbarkeit der Frankfurter Allgemeinen Zeitung bei. Ihren regelmäßigen Leser kann es indes nicht überraschen, dass zu ihrem fünfzigjährigen Bestehen ein Sammelband über „Bilder in der Zeitung" erscheint. Denn von Anfang an war die Frankfurter Allgemeine ein Schaufenster für Fotografien, schon bald vor allem für die Bilder von den eigenen Redaktionsfotografen. „Wir haben einen ziemlich kräftigen Ehrgeiz, und dieser ist vornehmlich auf eigene und selbständige Leistung gerichtet", heißt es in der ersten Ausgabe vom 1. November 1949. Die neue Zeitung setzt sich strenge Maximen: Die Tatsachen sollen ihr heilig sein. Sie will nicht an der Oberfläche der Dinge stehen bleiben, sondern deren geistige Hintergründe aufsuchen. Dazu zählt auch die Überzeugung, dass Fotografien Unsichtbares sichtbar machen können.

In der ersten Ausgabe der Frankfurter Allgemeinen Zeitung stand das erste Foto auf der Seite drei oben rechts. Das ist bis heute der Stammplatz für das wichtigste politische Bild, im Wechsel mit der Karikatur. Vieles aus den Anfängen weist in die Gegenwart. Die meisten Grundsätze, die für die erste Ausgabe galten, haben noch immer Bestand. Einen Bildplatz auf der ersten Seite gibt es bis heute nicht. Geblieben sind die Bilder-Seiten zu aktuellen Anlässen, mit denen die Frankfurter Allgemeine an die Tradition der „Illustrierten Zeitungen" anknüpfte, die in Deutschland in den zwanziger und dreißiger Jahren ihre größte Verbreitung hatten. Regelmäßig erschien in der Frankfurter Allgemeinen zunächst am Samstag die Seite „Literaturblatt" im Wechsel mit der Seite „Für die Frau". Ende 1951 wurden sie, ergänzt um die Seite „Ereignisse und Gestalten", in der Wochenendbeilage „Bilder und Zeiten" zusammengefasst. Sie wurde im Tiefdruckverfahren hergestellt, die eine bessere Bildwiedergabe ermöglichte. Fortan war die Frankfurter Allgemeine Zeitung eine erste Adresse für Fotografen.

Von Anfang an ist das Bild in der Frankfurter Allgemeinen Zeitung nicht bloß anekdotisches Beiwerk oder gar Lückenfüller gewesen. Es soll vielmehr die eigenständige Sehweise von Bildautoren vermitteln, Zusammenhänge schildern und Stimmungen verraten, wie sie sich in Worten nicht beschreiben lassen. Gelegentlich legte die Redaktion dem Leser Fotografien zur Diskussion vor. Lange war ein Ausstellungsplatz auf Seite zwei der Tiefdruckbeilage für ein „freies Bild" ohne Text bestimmt. Ausdrucksstarke Bilder, großzügig platziert, bestimmen bis heute das Erscheinungsbild der Zeitung und das Gesicht einzelner Seiten.

Doch immer war die Zeitung zurückhaltend, wenn es um die Häufigkeit der veröffentlichten Fotografien ging. Nie war sie der Ansicht, dass man jedes Thema bebildern müsse. Was sie den Lesern bietet, soll Sehenswürdiges zeigen und auch in seiner Art sehenswert sein. Das können, wie die Zeitung 1961 über die Bildauswahl schrieb, „die Satellitenstadt, der Moloch-Verkehr, die Flüchtlinge, die Playboys, ebenso wie der Blick hinter den Eisernen Vorhang" sein. „Von der Fürstenhochzeit, von Würdenträgern, von Politikern, von Unfällen, von Hunger, Freude und Verzweiflung, von Naturkatastrophen wird bildlich berichtet – immer in dem Rahmen, den diese Zeitung sich gesetzt hat", hieß es schon damals.

Die Qualität der Fotografien und ihre Echtheit stand und steht dabei an erster Stelle. Trotz oder gerade wegen der auf uns hereingebrochenen Bilderflut wird der Fotografie immer noch große Beweiskraft zugemessen. Der Redaktion der Frankfurter Allgemeinen Zeitung blieb freilich immer bewusst, dass Fotografien nur das Abbild der Wirklichkeit sind, dass sie die Vielschichtigkeit der Realität reduzieren, dass sie aber auch abstrahieren. Bilder schaffen ihre eigene Wirklichkeit – bei jedem Betrachter eine andere. Meinte Emile Zola vor hundert Jahren zur noch jungen Fotografie, niemand könne behaupten, etwas wirklich gesehen zu haben, wenn er es nicht fotografiert habe, so hat sie inzwischen nicht nur durch geschichtsklitternde Retuschen und dreiste Montagen ihre Unschuld verloren. Längst gilt sie nicht mehr als das Medium der Unbestechlichkeit und der zwangsläufigen Objektivität. Antonioni führte in seinem Kultfilm „Blow up" um die Figur des Starfotografen Thomas vor Augen, wie trügerisch das Vertrauen in die Beweiskraft von Fotos sein kann. Wahrhaftigkeit ist daher nicht nur das oberste Gebot für die schreibenden Journalisten. Die Frankfurter Allgemeine baut auf die Integrität ihrer Redaktionsfotografen. Sie gewährleisten ungestellte Bilder, die ohne kompositorisches Pathos auskommen. Die eigenen Fotografen schildern das Geschehen oder eine Person aus einer persönlichen Perspektive, von einem eigenen Standpunkt aus. Den Schein von Objektivität vermeiden sie.

Der Fotograf muss anders arbeiten als der schreibende Kollege. Nichts kann er nachträglich per Telefon nachprüfen, nichts kann er aus dem Gedächtnis hinzufügen. Kein Gedanke lässt sich später einflechten. Anekdotisches kann nur wiedergegeben werden, wenn es sichtbar wird. Am Ende zählt allein, was auf dem Foto zu sehen ist. Dazu muss der Fotograf im richtigen Moment zur Stelle sein und den Augenblick mit der Kamera blitzschnell erfassen.

In den vergangenen fünfzig Jahren hat die Frankfurter Allgemeine weit über eine halbe Million Fotos veröffentlicht. Allein 1998 waren es fast 30 000. Ein Drittel davon findet der Leser ausschließlich in dieser Zeitung, denn sie stammen von den eigenen Redaktionsfotografen und von freien Fotografen, die für die Frankfurter Allgemeine arbeiten. Außerdem bieten viele bekannte Sport-, Theater- und Porträtfotografen ihre Bilder zuerst dieser Zeitung an. Die Bildredaktion plant die Bildberichterstattung und sucht nach Bildern aus der ganzen Welt. Täglich prüft sie mehr als 1200 Fotos, die von Agenturen, Fotografen und von Bildarchiven angeboten werden, auf ihre Verwendbarkeit. Nach strenger Auswahl wird ein kleiner Teil davon im Bildarchiv, dem „Bildgedächtnis" der Redaktion, aufgehoben. Angefangen hatte alles viel bescheidener. In den ersten Jahren musste die Zeitung vor allem auf die „Funkbilder" der Nachrichtenagenturen zurückgreifen. Damals minderten störanfällige Übermittlungswege oft die Qualität. Es gab noch keine hoch empfindlichen Filme, die Kameratechnik musste ohne elektronische Belichtungssysteme und motorische Filmaufzüge auskommen. Umso erstaunlicher ist es, was die Frankfurter Allgemeine den Lesern schon in den alten Ausgaben an Bildern bieten konnte.

Der erste Fotograf in der Redaktion der Frankfurter Allgemeinen Zeitung war Fritz Fenzl, der 1953 mit Reportagen begann. Sein wichtigstes Motiv war die Exotik des Alltags. Nichts konnte ihn davon abhalten, ein Foto auch unter widrigen Bedingungen zu versuchen, weder schlechte Lichtverhältnisse in der schummrigen Hafenkneipe noch Sturm über der Nordsee. Wenn er die „Miss Germany"-Wahl zu fotografieren hatte, konzentrierten sich seine Bilder auf die Jury-Mitglieder, die über etwas befinden sollten, wovon er als Fotograf viel mehr verstand.

Otto Steinert, der mit dem Schlachtruf „Subjektivität" als Lehrmeister die Diskussion über Formen und Inhalte der Fotografie im Nachkriegsdeutschland bestimmte, gleichermaßen berühmt, umstritten und gefürchtet, sagte 1956 über Fenzl, seine persönliche Leistung liege in der seltenen Synthese von aktueller journalistischer und rein bildgestalterischer Fotografie. Andere Zeitgenossen erkannten in Fenzls Bildern die Kunst des Feuilletons, die Kunst der geschliffenen Kurzgeschichte.

Ebendies gilt auch für Steinerts Schüler Wolfgang Haut. Er übernahm Ende 1957 den Stab von Fenzl, der sich fortan der Farbfotografie widmete. Die Bilder Hauts leben von dem Gespür für den einzelnen Menschen, den er in einen kompositorisch ausgesuchten, oft natürlichen Zusammenhang einbettet. Wenn er Architektur fotografiere, so sagte er einmal, dann zeige er in erster Linie die Menschen; ihre Häuser seien „halt auch im Bild". Wolfgang Haut übersetzt die Realität mit Naturverbundenheit und Schönheitssinn in ein gestaltetes Lichtbild. Mit seinem journalistischen Instinkt für den richtigen Augenblick fügt er oft Anekdotisches bei.

Nah ans Geschehen gerückt fühlt man sich durch die Aufnahmen von Lutz Kleinhans, der von 1959 an für die Frankfurter Allgemeine fotografierte. Kleinhans führt uns in eine Nähe zu Personen und Ereignissen, die anderen verwehrt bleibt. Seine Fotos vermitteln nicht nur die bloße Nachricht, sondern zeigen auch, wie, wo und durch wen die Nachricht entsteht; doch geben sie nicht die kritische Distanz auf.

Das politische Nachrichtenfoto handelt meistens von Personen oder Personengruppen. Es zeigt – vielfach für die Öffentlichkeit arrangiert – Begegnungen von Politikern oder Prominenten. Solche Bilder können zu Dokumenten der Zeitgeschichte werden. Ohne erklärenden Text, ohne begleitende Meldung sind sie meist nicht verständlich. Anders ist es bei den Aufnahmen von Barbara Klemm. In ihren Gruppenbildern ist der Betrachter gleichsam zu Gast, er kann sich frei bewegen. Diskret vermag man den Gesprächen zu lauschen, so als wäre man zugegen, ohne zu stören. Wie von Künstlerhand werden durch die Bildgestaltung innere Zusammenhänge widergespiegelt, werden die Beziehungen der Personen untereinander sichtbar. Die Charaktere der Menschen oder ihr augenblicklicher Gemütszustand werden lesbar. Nichts ist gestellt, nichts wird entstellt. Die Szene wird so erfasst, als würden Gemälde der alten Meister in das fotografische Medium übertragen. Dem Betrachter bleibt der notwendige Raum, in dem das Auge spazieren gehen kann, wie Barbara Klemm es einmal ausdrückte.

Überraschen können die Aufnahmen von Mirko Krizanovic. Ausgesuchte Motive, aus eigenwilligen Blickwinkeln fotografiert, versetzen den Betrachter in Erstaunen. Sensibel und genau schildert uns Krizanovic mit seinen Fotos Gewöhnliches – so, wie wir es noch nie gesehen haben.

Theatralisches in Alltagssituationen findet sich in den Fotografien von Helmut Fricke wieder. Nuancenreich und introvertiert beschreibt er dem Betrachter kleine und große Ereignisse. Eine Pariser Modenschau entwickelt sich in seinen Bildern zum Schauspiel à la bohème, die kühle Hochhausarchitektur Frankfurts lässt er als dramatische Bühnenkulisse erscheinen. Die Ankunft des Zuges mit den Prager Botschaftsflüchtlingen im bayerischen Hof erzählen seine Bilder hintergründig als filmisches Bahnhofsszenarium.

Auf diskrete Art schildert uns Wolfgang Eilmes die Katastrophen dieser Welt: die Massenflucht aus Albanien, die Trümmer des nordirischen Bürgerkriegs, Kranke auf einer Krebsstation. Seine Bilder beschreiben ohne Klage, ohne Vorwurf. Eilmes schildert als Augenzeuge, in welche Not Menschen geraten können. Akribisch zeichnet er die Wirklichkeit auf, ohne den Versuch, mit spektakulären Effekten künstlich Betroffenheit zu erzeugen.

In den Fotos von Frank Röth wird eine elegische Geste oder ein malerisches Motiv zur Komposition ausgefeilt, detailreich und beinahe mit impressionistischem Geist. Es scheint so, als wäre der Fotograf unsichtbar gewesen. Wenn dem Vorgang etwas Skurriles anhaftet, erfahren wir es.

Persönliche Erfahrungen, Kenntnisse und Vorlieben lenken unser Auge auf bestimmte Bilder. Andere vergessen wir schnell, oder wir übersehen sie gänzlich. Ein Foto kann im Widerspruch zu unseren Erinnerungen oder Vorstellungen stehen; auch durch Übereinstimmung kann es freilich zu neuer Auseinandersetzung herausfordern. Es kann seinen Betrachter verblüffen, amüsieren, langweilen oder ärgern. Eckhard Fuhr hat über einige der Bilder in diesem Buch Betrachtungen angestellt. Sie sollen die Leser ermuntern, zu ihren eigenen Bildern zu finden.

Christian-Matthias Pohlert

Demontage ist in den ersten Jahren der Bundesrepublik ein großes politisches Thema. Während die Besatzungsbehörden viele Betriebe „begnadigen", bleibt die Firma Krupp nicht verschont. Was nicht abtransportiert werden kann, wird gesprengt.

dpa
F.A.Z. vom 13. Januar 1950

Gustaf Gründgens,
der berühmteste „Mephisto“
des deutschen Theaters,
in seiner Meisterrolle, hier
gemeinsam mit Elisabeth
Flickenschildt

Liselotte Strelow
F.A.Z. vom 11. Februar 1950

„Schaut auf diese Stadt!", hatte Bürgermeister Ernst Reuter während der Blockade Berlins den Völkern der Welt zugerufen. Jetzt, nachdem alles überstanden ist, empfängt das Stadtoberhaupt erstmals Bundeskanzler Adenauer und Ludwig Erhard.

dpa
F.A.Z. vom 19. April 1950

Noch spricht niemand vom „Wirtschaftswunder". Aber das Symbol (west-) deutschen Aufschwungs steht schon bereit.

Keystone-Press
F.A.Z. vom 30. August 1950

Von Frankfurt sieht man nur Steine

Ein Symbol der heilen Welt schaut auf das, was der Krieg von der realen Welt übrig gelassen hat: die Darstellerin der „Heidi" nach dem gleichnamigen Roman von Johanna Spyri, Elsbeth Sigmund, auf dem Turm des Frankfurter Doms.

Bernd Schmitz-Sieg
F.A.Z. vom 2. Oktober 1952

Die „kleine Schweizerin", so liest man in der Frankfurter Allgemeinen Zeitung, kam mit dem „Städteschnellverkehrszug" am Bahnsteig 8 im Frankfurter Hauptbahnhof an. Die „Kleine Bande" vom Hessischen Rundfunk brachte ihr ein Ständchen. Elsbeth Sigmund ist „Heidi". Zwischen Dom und Paulskirche werden im Herbst 1952 die letzten Szenen einer Schweizer Verfilmung der Geschichte vom Naturkind in der Großstadt gedreht. Fünfzehn Jahre zuvor hatte der „Kinderstar" Shirley Temple in einer amerikanischen Produktion die Hauptrolle nach Johanna Spyris Romanvorlage aus dem späten neunzehnten Jahrhundert gespielt. Jetzt holten die Schweizer die Geschichte heim an die Originalschauplätze, nach Graubünden – und nach Frankfurt am Main.

Unter den vielen Kinderbüchern aus der „bürgerlichen Zeit" um 1900, hieß es in der Filmkritik der Frankfurter Allgemeinen, gebe es „kaum ein reineres und edleres Buch als das der Johanna Spyri". Der Film aber dämpfe die „bürgerliche Rührung über ein armes, von der Alm nach Frankfurt verpflanztes Waisenkind zugunsten der Geschichte von der überlegenen Kraft und Kernigkeit eines Kindes der Berge". Er sei zu einer „schweizerischen nationalen Selbstdarstellung geworden", voller „Schlichtheit und Herzenswärme, dass man sich an dem Gelingen nur freuen kann".

In der Selbstsicherheit ihrer gelungenen Geschichte gelingt den Schweizern die Geschichte, so nimmt es der Frankfurter Kritikerblick wahr. Elsbeth Sigmund muss Heidi nicht erfinden. Und für die Frankfurter Allgemeine ist Elsbeth Heidi, „natürlich, frisch, ein Mädchen vom Lande". Elsbeth kam aus einem nahen, fernen Land, in dem es keinen Krieg gegeben hatte. Doch sie sprach Hochdeutsch, wenn auch mit Schweizer Tonfall. In Frankfurt stieg sie, wie Heidi in der Geschichte, auf den Kaiserdom. Der war übrig geblieben. Heidi suchte Tannen in der Großstadt. Elsbeth suchte Frankfurt. Wie Heidi seufzte Elsbeth: „Von Frankfurt sieht man nur Steine." Im Oktober 1952 waren das Trümmer und entstehende Neubauten.

Das alte Frankfurt gab es nicht mehr. In den Film ist es hier und da „einkopiert" von alten Bildern und Stichen. Die Straße mit dem Haus des Konsuls Sesemann (Willy Birgel), dessen kranker Tochter Klara Heidis strotzende Gesundheit wieder Lebensmut geben sollte, war für den Film im Studio nachgebaut worden. „So viel auch die Kamera gesucht hat, vom Frankfurt von früher hat sie nicht viel einfangen können. Es ist nicht die Schuld der Filmleute. Was war auch viel zu finden", heißt es in der Zeitung.

„Heidi" lief vom Januar 1953 an im Frankfurter Zeil-Kino. Der Film war kein großer Erfolg. Das Publikum teilte das Entzücken der Kritiker nicht. Die Zeitung haderte mit den Frankfurtern: „Die Enkelin des Alm-Öhi lacht und weint vor leeren Parkettreihen. Ihre bestrickende Gradheit und ihre rührende Liebe zu der heimatlichen Alphütte und dem Großvater bezaubern nur wenige Frankfurter. Nicht einmal die Neugierigen fühlen sich versucht, diesen Film wegen seiner Frankfurter Aufnahmen anzusehen. Nackte Oberschenkel, Animierdekolletés und

Revolverschüsse ließen sich in ein natürliches Leben schlecht einbauen."

Vielleicht hatte Elsbeth von der Turmspitze des Doms aus ja doch Frankfurt gesehen: eine nüchterne Stadt, die sich aufrappelt und für Sentimentalität nicht zu haben ist, vor allem was die eigene Vergangenheit angeht, den verlorenen Glanz ihrer Bürgerlichkeit, die verlorene Sicherheit ihrer Gutbürgerlichkeit. Die frühen fünfziger Jahre waren noch nicht die Zeit der Nostalgie. Sie waren noch unmittelbare Nachkriegszeit. Gegen Ende des Jahrzehnts erst kam die große Ära des Heimatfilms. Diese Filme drehten sich die Deutschen – und die Österreicher – selbst in künstlichen und natürlichen Kulissen jenseits aller Geschichte. Zur Ikone der Volkskultur wurde „Heidi" noch später. Dazu musste der alpine Fremdenverkehr erst popularisiert, Heidi als Comic-Figur geschaffen, der Schlager „Deine Welt sind die Berge" zum Hit und die Milka-Kuh erfunden werden – nicht zu reden von der Heidiland AG zur Tourismus-Förderung in St. Gallen.

Vielleicht gefiel es den Frankfurtern nicht, dass ihrer Stadt im Film die Rolle der „Steinwüste" zugewiesen wird. Sie war ja vor kurzem noch Steinwüste in einem überhaupt nicht übertragenen Sinne gewesen, in Schutt und Asche gelegt im Luftkrieg. Wie sollten sie der Zivilisationskritik einer pietistischen Bildungsbürgerin des neunzehnten Jahrhunderts etwas abgewinnen, da sie doch dabei waren, sich gerade erst wieder mühsam auf ein Zivilisationsniveau hinaufzuarbeiten, auf dem so etwas wie „bürgerliches Leben" möglich ist. Mag sein, dass die Frankfurter sich benutzt fühlten von den Schweizern, die mit dem Heidi-Stoff einen National-Mythos inszenierten und dafür ein nicht mehr vorhandenes Frankfurt als Kulisse brauchten. Gleichgültig war ihnen die Geschichte offenbar.

Wie gesagt: Zur Pop-Ikone wurde „Heidi" später. Das Frankfurter Kinopublikum hatte 1953 andere Sorgen und vielleicht auch andere Ansprüche an das Filmtheater. Mit nackten Oberschenkeln, Animierdekolletés und Revolverschüssen mögen sie durchaus etwas zu tun gehabt haben. Im Feuilleton der Frankfurter Allgemeinen aber lebte noch das bildungsbürgerliche Sehnen nach der unverbildeten Authentizität, war das Traumbild „Schweiz" noch gegenwärtig. Über Elsbeth Sigmund, die auf den Turm gestiegen war, um Frankfurt zu entdecken, liest man dort: „Auf dem klugen Gesichtchen mit dem in der Mitte gescheitelten, dunkelbraunen Haar liegt wie ein Hauch eine Vorahnung warmherziger, mütterlicher Fraulichkeit. Und doch ist dieses Wesen ganz Kind, fern von modischem Fratzentum, von aus Illustrierten abgeguckten Posen der Eitelkeit. Der schweizerische Sprachklang tönt rein, liebenswürdig und nachdrücklich, eigensinnig ernst aus dem Kindermund, so dass nicht nur die Schranzen des Hauses Sesemann sich daneben armselig ausnehmen." So wird ein Bild in der Zeitung zu einem Vorbild gelungener Nationalerziehung: „Merkwürdig, wie immer wieder einmal ein Film herauskommt, in dem ein Volk sein Bestes und Wahrstes, sich selbst, wie es ist oder sein möchte, darstellt." Elsbeth-Heidi schaut aus großer Höhe auf Frankfurt hinab.

Blick auf Frankfurt von der Paulskirche aus: Einige Brücken sind schon wieder befahrbar, aber der Kaiserdom in der Innenstadt steht noch in einem wüsten Trümmerfeld.

Anonym
F.A.Z. vom 2. April 1952

Der Moment, in dem sogar Monarchen demütig ihr Haupt neigen müssen. Elisabeth II. erhält aus den Händen des Erzbischofs von Canterbury die Krone, die sie auch nach außen zur Herrscherin eines schrumpfenden Weltreiches werden lässt. Mit der Übertragung der Zeremonie, für viele das Ereignis des Jahres, erzielt das junge Medium Fernsehen seinen ersten großen Erfolg.

Paul Popper
F.A.Z. vom 6. Juni 1953

Wie in Nippes ...

Fritz Fenzl
F.A.Z. vom Herbst 1953

Wer tanzen will,
muss nicht unbedingt eine
sportliche Figur haben:
Sängerin Velma Middleton
beim Louis-Armstrong-
Konzert.

Fritz Fenzl
F.A.Z. vom 3. Dezember 1952

„Subjektive Fotografie", ein Stein des Anstoßes für viele.

Otto Steinert
F.A.Z. vom 5. September 1953

Nicht in das Wankdorf-Stadion, in dem die deutsche Fußball-Nationalmannschaft einen Tag nach Erscheinen dieses Bildes Weltmeister werden wird, sondern ins Berliner Olympiastadion zieht es Tausende.

Fritz Eschen
F.A.Z. vom 3. Juli 1954

Heimkehr vom Winterschlussverkauf. Der Autor des Jahres 1954 sieht ihnen auch von oben noch den „zupackenden Blick" an, mit dem sie die Waren anvisiert haben.

Fritz Fenzl
F.A.Z. vom 30. Januar 1954

Gefahr im Verzuge am Aschermittwoch? Der Kater an der Scheibe.

Heinz Hajek-Halke
F.A.Z. vom 3. März 1954

Die Schule ist kein Rummelplatz:
Abiturjahrgang 1954.

Fritz Fenzl
F.A.Z. vom 25. September 1954

Das Objekt der Begierde

Fritz Fenzl
F.A.Z. vom 22. Januar 1955

Stürmische See

Fritz Fenzl
F.A.Z. vom 29. Januar 1955

Seemannsgarn mit Bier

Fritz Fenzl
F.A.Z. vom 1. Juni 1955

Im Hamburger Hafen:
Schiffe warten auf Ladung.

Fritz Fenzl
F.A.Z. vom 1. Juni 1955

Dicht an dicht

Fritz Fenzl
F.A.Z. vom 21. März 1956

Im Hamburger Hafen: Arbeiter warten auf Arbeit.

Fritz Fenzl
F.A.Z. vom 1. Juni 1955

Dem Blick
des „Taxators“, eines
Schönheitsrichters,
setzen sich diejenigen
gerne aus, die
Miss Germany werden
möchten.

Fritz Fenzl
F.A.Z. vom 11. Juni 1955

Zum Gipfeltreffen mit dem amerikanischen Präsidenten Eisenhower versammelt sich die sowjetische Führung auf dem Flugplatz von Genf: In der Mitte Nikita Chruschtschow, flankiert von Andrej Gromyko und Wjatscheslaw Molotow.

Fritz Fenzl
F.A.Z. vom 23. Juli 1955

Augenblick: In einem Café

Fritz Fenzl
F.A.Z. vom 30. Juli 1955

Automobilausstellung Frankfurt: Berichterstatter wundern sich über die „erstaunlichen Fachkenntnisse" vieler jugendlicher Besucher. Die Haltung ist in der Tat sehr professionell.

Klaus Meier-Ude
F.A.Z. vom 26. September 1955

Wer kennt ihn?
Im Oktober 1955 kehren die letzten Deutschen aus sowjetischer Gefangenschaft zurück.

Fritz Fenzl
F.A.Z. vom 11. Oktober 1955

Der (atomare) Geist ist aus der Flasche. Von nun an können auch einfache Handgriffe nur mit technischen Hilfsmitteln ausgeführt werden.

Fritz Fenzl
F.A.Z. vom 7. Januar 1956

Pariser Silhouette: Cocktailkleid aus dem Hause Fath.

Walde Huth
F.A.Z. vom 21. April 1956

Schattenspiele:
Einsamer Wärter im
Zuchthaus Bruchsal.

Fritz Fenzl
F.A.Z. vom 21. April 1956

Strenger Blick in den Spiegel

Fritz Fenzl
F.A.Z. vom 4. Februar 1956

Einst als Kriegsherr verehrt, der Britanniens Größe gegen alle Anfechtungen verteidigen wollte; nun der große Europäer, dem die Aachener den Europäischen Karlspreis verleihen: Winston Churchill.

Fritz Fenzl
F.A.Z. vom 19. Mai 1956

Faszination Film.
Die Glitzerwelt der Berlinale
zieht den Zaungast an.

Fritz Fenzl
F.A.Z. vom 14. Juli 1956

Der Hinterhof
der Renommierstraße
„Stalinallee“: Tristesse
im Ostteil Berlins.

Fritz Fenzl
F.A.Z. vom 3. November 1956

Prinzessin Christina von Hessen ehelicht den jugoslawischen Prinzen Andrej.

Fritz Fenzl
F.A.Z. vom 11. August 1956

Die Inhalte des Glaubens
sind die alten, aber die
Kulissen werden verändert.
Der Fotograf folgt mit seiner
Kamera den Gedanken.

Wolfgang Haut
F.A.Z. vom 13. April 1957

Der Reisebus als Symbol wachsenden Wohlstands: Die Deutschen beginnen zu verreisen. Schon kommen Gedanken darüber auf, wie sich die Urlaubsgebiete durch den immer stärker werdenden Zustrom verändern.

Wolfgang Haut
F.A.Z. vom 14. September 1957

Sonderfahrt
6
SF-P 1
D

Jede zweite Frau wünscht(e) sich einen Pelz, heißt es. Diesen allerdings kann sich kaum eine leisten: eine zwölffellige Nerzstola aus Saga-White-Mink.

F. C. Gundlach
F.A.Z. vom 25. Januar 1958

Nicht nur das Verkehrsschild drückt es aus. Kinder müssen zurücktreten, geraten an den Rand der hektischen Welt. Die Straße wird zum „Spielplatz".

Robert Lebeck
F.A.Z. vom 15. Februar 1958

Alltag im geteilten
Deutschland. Volkspolizisten
an der zu diesem Zeitpunkt
noch allgemein so genannten
Zonengrenze.

Wolfgang Haut
F.A.Z. vom 22. Februar 1958

Folgen der Teilung Deutschlands. In einem Lager in Norddeutschland werden diejenigen aufgenommen, die aus den, wie man noch sagt, polnisch verwalteten Ostgebieten in den Westen geflüchtet sind.

Wolfgang Haut
F.A.Z. vom 20. September 1958

Kindheit im Ruhrgebiet

Chargesheimer
F.A.Z. vom 30. August 1958

Die ewige Sehnsucht nach dem großen Glück, einem von finanziellen Sorgen freien Leben, konzentriert sich auf die Trommel mit den Lottokugeln. Und da nur wenige per Fernsehen live dabei sein können, schauen sie es sich lieber richtig live an.

Wolfgang Haut
F.A.Z. vom 20. September 1958

Schönheitswettbewerb
für große Hunde

Wolfgang Haut
F.A.Z. vom 18. Oktober 1958

Modenschau auf der
Brüsseler Weltausstellung

Wolfgang Haut
F.A.Z. vom 27. Dezember 1958

Das lächelnde Bild des
neuen Deutschland in der Welt:
Romy Schneider und
Hardy Krüger posieren beim
Berliner Filmball 1959.

Robert Lebeck
F.A.Z. vom 18. April 1959

Exportschlager
gestapelt verschifft:
Käfer auf der Internationalen
Automobilausstellung
in Frankfurt.

Lutz Kleinhans
F.A.Z. vom 17. September 1959

Aufbruch: Ende der fünfziger Jahre nannte man eine Frau wie diese „Motorradbraut".

Wolfgang Haut
F.A.Z. vom 20. Juni 1959

Die Dichterin Annette Kolb, in hohem Alter ausgezeichnet mit dem Großen Bundesverdienstkreuz.

Guido Mangold
F.A.Z. vom 14. November 1959

Chruschtschow besucht Paris. Der sowjetische Partei- und Regierungschef zeigt der Weltöffentlichkeit bei dieser Gelegenheit nicht nur politische Härte, sondern auch, dass die Autofabriken in seinem Land Brauchbares produzieren.

Wolfgang Haut
F.A.Z. vom 18. Mai 1960

„Sie arbeiten mit uns“,
hieß die Überschrift zum
Artikel in der Zeitung.
Die Erkenntnis, dass „sie“ auch
mit und unter uns leben,
brach sich allmählich Bahn.

Wolfgang Haut
F.A.Z. vom 13. August 1960

Mit Düsentrieb in alle Welt

Wolfgang Haut
F.A.Z. vom 17. Dezember 1960

Ladenschluss in
Frankfurt. Einkäufer drängen
in die Straßenbahnen.

Lutz Kleinhans
F.A.Z. vom 12. Januar 1961

Jugendstrafanstalt in
Frankfurt

Wolfgang Haut
F.A.Z. vom 19. August 1961

Walter Ulbricht
und Frau Lotte präsentieren
den Besuchern der
Leipziger Messe eine lebende
Version der eigenen
Plakatexistenz.

Wolfgang Haut
F.A.Z. vom 8. September 1961

Die Zeitung setzte
das Wort „Party" noch in
Anführungszeichen.
Der Jugend, hier auf der
Burgruine Königstein, war
es schon 1961 egal.

Wolfgang Haut
F.A.Z. vom 16. September 1961

Der Fotograf aber sitzt im Trockenen

Lutz Kleinhans
F.A.Z. vom 6. September 1961

Komiker dürfen nicht lachen: Buster Keaton zu Gast in Deutschland.

Lutz Kleinhans
F.A.Z. vom 6. Februar 1962

Tipps für die Praxis:
Säuglingspflegekurs in den
Vereinigten Staaten.

Stefan Moses
F.A.Z. vom 24. März 1962

Eine Seefahrt,
die ist zuweilen stürmisch.

Robert Lebeck
F.A.Z. vom 7. Juli 1962

Berlin – ein Jahr nach dem Bau der Mauer

Wolfgang Haut
F.A.Z. vom 8. August 1962

Fastnachtsspiel in Baden

Stefan Moses
F.A.Z. vom 23. Februar 1963

Als der Himmel über
der Ruhr noch nicht blau war.

Wolfgang Haut
F.A.Z. vom 9. Februar 1963

London im Winter.
Man eilt zur Kabinettssitzung
im Admiralty House.

Stefan Moses
F.A.Z. vom 2. März 1963

Ingeborg Bachmann
bei einer Dürrenmatt-Premiere
in Zürich

Stefan Moses
F.A.Z. vom 6. April 1963

Die Automatisierung
in der Küche schreitet
voran – wenn es nach der
Verkäuferin geht.

Robert Lebeck
F.A.Z. vom 13. August 1963

Jugend reist

Stefan Moses
F.A.Z. vom 17. August 1963

DA DW

Daheim und unterwegs

Gerne verbringt
der Mensch viele Stunden
auf der Autobahn.

Wolfgang Haut
F.A.Z. vom 24. August 1963

Das Vibrieren des Käfers auf der Überholspur vergisst man nicht. Die Tachometernadel zeigte zitternd 110 Stundenkilometer an. Im Wagen verstummte das Gespräch. Eine Steigung hatte sich angekündigt. Jetzt kam es darauf an, rechtzeitig zum Überholen anzusetzen, wenn man sich nicht im Dieselqualm eines Lastwagens den Berg hinaufquälen wollte.

Lastwagen waren damals noch wirkliche Lastwagen. Ihr Erscheinungsbild entsprach dem Wortsinn. Sie hatten eine Ladefläche, auf die irgendetwas aufgeladen war, Materialien oder Gegenstände vielfältiger Art und Natur, die noch nicht auf Euro-Paletten oder in Containern normiert und gestapelt waren. Diese Rationalisierung des Transportwesens, die Übertragung des kindlichen Bauklotzprinzips auf die Logistik, steckte noch in den Anfängen. Die Laster hatten, vielleicht weil jeder individuell seine Last trug, ein Gesicht mit einer langen Hundeschnauze und abstehenden Außenspiegel-Ohren.

Aus dem Hintergrund allerdings sieht man schon die kurzschnauzigen Laster herankommen. Täuscht die Erinnerung, dass der Verlust der Schnauze einherging mit der Verbreitung der Ladeplane? Jedenfalls sind die Kurzschnauzigkeit und die Schließung der Ladefläche zum Laderaum die Hauptmerkmale der Metamorphose des Lastautos zum „Brummi". Auffällig ist auch das Wandern der Lenkradstellung von der Senkrechten in die Waagerechte. Die Lastwagenfahrer sitzen nicht mehr hinter dem Steuer, sondern thronen über ihm. Aus Fuhrknechten sind „Trucker" geworden. Hoch da oben im Führerhaus mag schon ein Gefühl von Freiheit und Abenteuer aufkommen – wenn der Druck der Termine und der Konkurrenz es zulässt.

Der Käfer bevölkerte jahrzehntelang die Autobahn. Er war in den fünfziger und frühen sechziger Jahren ein wahrer Volkswagen, das erste Auto für viele, vielleicht die meisten Familien, später dann ein typischer Zweitwagen für die Frau, die Tochter, den Sohn, ein Auto für die kurzen Wege zum Einkauf, zur Schule, zur Universität. Die Käfer waren eine erfolgreiche Art, deren Grundform in der technischen Evolution erstaunlich lange Bestand hatte. Es war an ihr nicht viel zu ändern. Neue Formen der Heckscheibe, der Rücklichter und der Nummernschildbeleuchtung galten schon als revolutionär. Sie waren kleine Zäsuren der Alltagskultur. Heute wird die Käferform wieder entdeckt. Alle Kleinwagen nähern sich ihr. Die größeren Autos dagegen variieren, sich dabei ebenfalls immer ähnlicher werdend, die im Windkanal gefundene Ideallinie der Keilform.

Wer ins Volkswagen-Zeitalter hineingeboren wurde, der hat bis heute einen nicht geringen Teil seines Lebens auf der Autobahn verbracht. Und wer in den frühen Jahren noch keinen eigenen Wagen hatte, der stand wahrscheinlich an manchem Sonntagnachmittag auf einer Autobahnbrücke, um sehnsuchtsvoll auf den Verkehrsstrom hinabzublicken. Die Autobahn – was ist das für ein Ort?

In alten Filmen und in manchen Lebenserinnerungen begegnet man einer Form des Reisens mit dem

… und morgen das Fertighaus. Des Deutschen Traum vom Eigenheim.

Wolfgang Haut
F.A.Z. vom 21. September 1963

Auto, die es heute nicht mehr gibt. Golo Mann zum Beispiel beschreibt in seinen Memoiren, wie er in seinem kleinen Wägelchen quer durchs Deutsche Reich fuhr, über Landstraßen von Stadt zu Stadt, von Stadtzentrum zu Stadtzentrum. Weckten eine Aussicht, ein Gebäude, ein kleines Ereignis am Straßenrand Interesse und Neugier, hielt man an, stieg aus, tauchte ohne Übergang ein in den Bewegungsrhythmus der nichtmotorisierten Gesellschaft. Die Autobahn reduziert den Menschen auf das Autofahren. Sie hat ihre eigenen Gesetze. Anhalten darf man nicht, verlassen kann man sie nur an den Ausfahrten. Noch nicht einmal die Fahrtrichtung kann man ändern, wann es einem beliebt. Für Fußgänger, Fahrradfahrer, Fuhrwerke ist sie eine verbotene Zone.

In ihrer abweisenden Bestimmtheit war die Autobahn am Beginn der Massenmotorisierung für die Kulturkritik ein Gegenstand von düsterer Faszination. Gerhard Nebel hat in einem Aufsatz für die Frankfurter Allgemeine, den das Autobahn-Bild von Wolfgang Haut illustriert, die einschlägigen kulturkritischen Motive in drastischen Formulierungen angeschlagen. Der Autor bebte. Er nannte die Autobahn eine „mörderische Abstraktion", die nur eine „einzige Aktion", die „Tötung des Raums", zulasse. Im „Raumhass" werde der Raum als etwas behandelt, das „ins Nichts befördert werden muss". Die Autobahn sei „tödlich für alles Leben, auch für das Leben des Auges. Wie vereist fahren die Passanten aneinander vorbei, sitzen sie aneinander vorbei, in rasend bewegter Bewegungslosigkeit… Es ist wahrscheinlich, dass die Menschen der früheren Jahrhunderte eine solche Reduktion nicht sich selbst, sondern nur ihren Sklaven zugemutet hätten – heute aber ist Versklavung an die Autobahn-Struktur ein Merkmal des Herrentums."

Ein wenig elitär erscheinen solche Ansichten heute. Wenn die Massen zu reisen beginnen, dann tun sie das nicht als motorisierte Flaneure. Und mit dem Volkswagen auf der Autobahn konnten sie es zum ersten Mal. Dagegen, dass zivile Massenmobilität als Fortschritt und Freiheitschance empfunden wurde und immer noch empfunden wird, kam die stete kulturkritische und später auch ökologische Begleitkritik nicht an. Die Autobahnen haben sich als dichtes Netz über Europa gelegt, das die Raumerfahrung der Menschen vielleicht stärker bestimmt als Flüsse, Gebirge oder Landesgrenzen. Als Autofahrer wurden die Deutschen Europäer, in dem Sinne jedenfalls, dass sie sich bei Staumeldungen von den Grenzübergängen nicht nationalstaatlich behütet, sondern in ihrer Reiselust behindert fühlten.

Zugvögel wurden sie trotz Volkswagen und Autobahn nicht. Wenn er nicht fuhr, stand der Volkswagen – in den Wunschträumen und immer öfter auch in der Wirklichkeit – vor dem Eigenheim. Und dieses Eigenheim, das bauten die Deutschen mit dicken Mauern, tiefen Kellern und schmiedeeisernen Fenstergittern für die Ewigkeit. Dem Fertighaus begegneten sie zunächst mit Misstrauen. „Daheim ist es immer noch am schönsten", sagte der deutsche Urlauber zu seinem italienischen Kollegen, wenn sie sich nach den Ferien wieder am Fließband trafen, um Volkswagen zu bauen.

Gern scheidet er nicht.
Partei und Alter fordern aber von Konrad Adenauer das Opfer des Amtsverzichts.

Wolfgang Haut
F.A.Z. vom 12. Oktober 1963

Das „Wunder von Lengede". Schon verloren geglaubt, wurden verschüttete Bergleute doch noch gerettet. Und die Nation saß wie gebannt vor dem Fernseher und bewunderte die „Rettungsbombe", mit der die Verschütteten ans Tageslicht gebracht wurden.

Wolfgang Haut
F.A.Z. vom 8. November 1963

Bekannt geworden seien sie unter anderem durch ihre „ungewöhnlichen Frisuren", schrieb der Berichterstatter über die Beatles, die der Fotograf bei einer Zwischenlandung auf dem Frankfurter Flughafen traf.

Lutz Kleinhans
F.A.Z. vom 3. Juli 1964

Ob aus dem
Sprössling „etwas“ wird?
Im klassenbewussten
England ist das immer eine
wichtige Frage.

Robert Häusser
F.A.Z. vom 5. Juni 1965

Waschfrau in Lissabon

Robert Häusser
F.A.Z. vom 28. August 1965

Wahlkampf ist anstrengend. Und als guter Sozialdemokrat genießt Willy Brandt sein Bier in Gesellschaft Frankfurter U-Bahn-Arbeiter besonders.

Lutz Kleinhans
F.A.Z. vom 26. August 1965

Deutscher Playboy

Lutz Kleinhans
F.A.Z. vom 16. Oktober 1965

Vor der Revolte:
Studenten
beim Universitätsfest

Wolfgang Haut
F.A.Z. vom 28. Mai 1966

Dialog beim Herrenessen
der Max-Planck-Gesellschaft:
Nobelpreisträger Otto Hahn
plaudert mit Bundespräsident
Heinrich Lübke.

Lutz Kleinhans
F.A.Z. vom 24. Juni 1966

An einer Wiese bei
Usingen hat ein Urlauberbus
aus dem Ruhrgebiet
eine Pause eingelegt. Bevor sie
wieder in die Dunstglocke
des Reviers eintauchen, wollen
die Urlauber noch einmal
frische Luft tanken.

Lutz Kleinhans
F.A.Z. vom 11. Juli 1966

Wo in Deutschland
Amerikaner leben, ist ein Zaun
nicht weit. Aber auch ein
unsichtbarer Zaun trennt die
Gäste von ihren Gastgebern,
wie der Berichterstatter
zu vermelden weiß.

Wolfgang Haut
F.A.Z. vom 30. Juli 1966

„Dies ist kein Partisanenkrieg mehr", stellt der Kriegsberichterstatter fest, der sich an einen vorgeschobenen amerikanischen Stützpunkt in Con Thien (Vietnam) gewagt hat.

Adelbert Weinstein
F.A.Z. vom 7. Oktober 1967

Günter Grass am Ofen in der Schreibstube

Stefan Moses
F.A.Z. vom 14. März 1967

In Deutschland wird heftig gegen den Krieg in Vietnam demonstriert. In der ersten Reihe unter anderen Rudi Dutschke.

Wolfgang Haut
F.A.Z. vom 30. März 1968

Auf der Straße Unruhe:
Anlässlich der Verleihung
des Friedenspreises
des Deutschen Buchhandels
macht sich in Frankfurt
die „Außerparlamentarische
Opposition“ gewalttätig
bemerkbar. Einer ihrer
Anführer, Daniel Cohn-Bendit,
wird festgenommen.

Lutz Kleinhans
F.A.Z. vom 25. September 1968

Ruhezone auf dem
Frankfurter Messegelände

Lutz Kleinhans
F.A.Z. vom 11. Oktober 1968

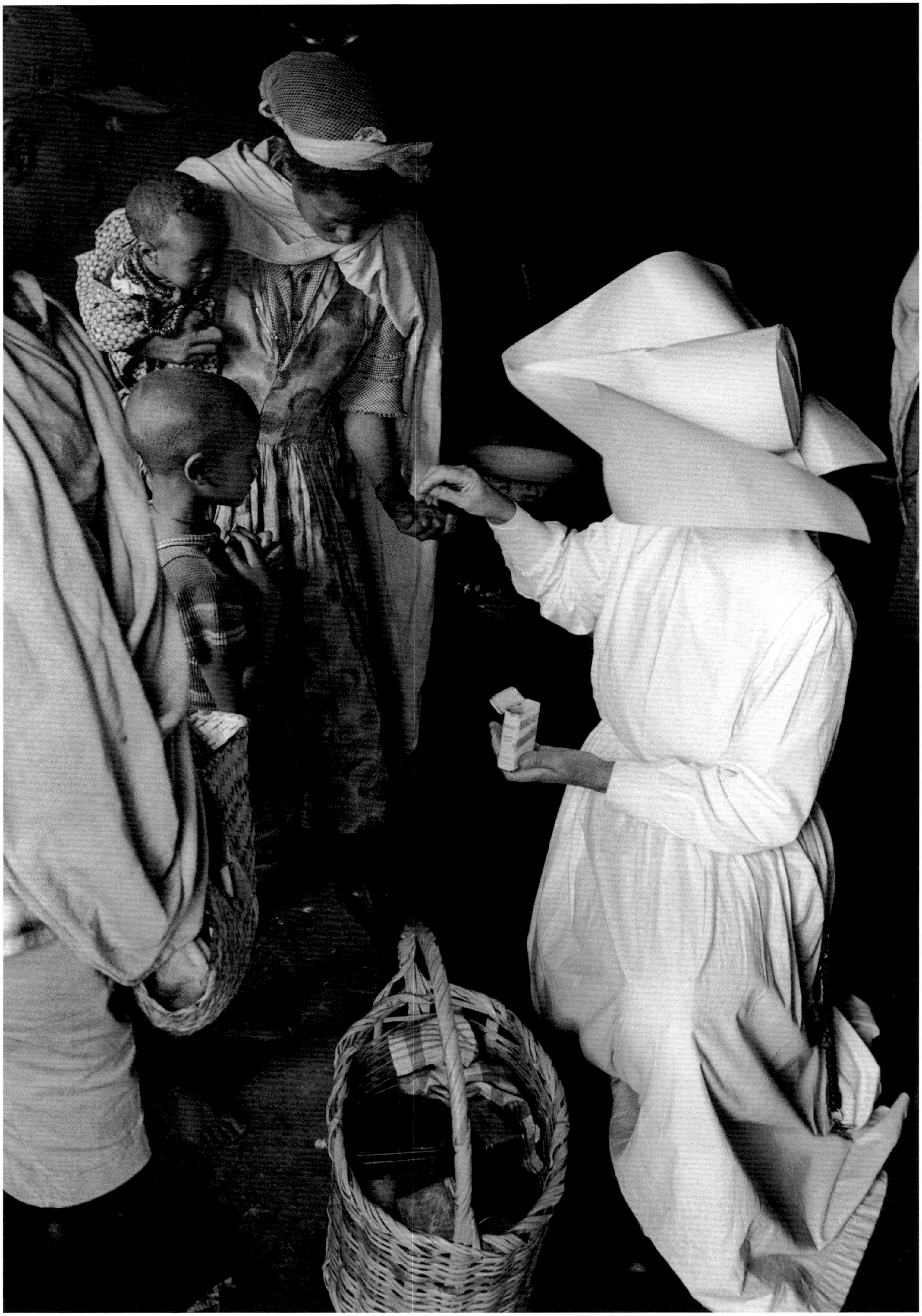

Leprastation in Äthiopien

Thomas Höpker
F.A.Z. vom 21. Dezember 1968

U-Bahn in New York

Wolfgang Haut
F.A.Z. vom 28. Dezember 1968

Die kühlen Temperaturen, nicht etwa Mick Jagger (mit Hut) und Keith Richards, seien schuld, dass sich „Filmsternchen" Anita Pallenberg so intensiv verhüllt, versichert der Berichterstatter, der die drei auf dem Frankfurter Flughafen traf.

Renate und Tadeusz Dabrowski
F.A.Z. vom 27. Januar 1969

Senta Berger
und Michael Verhoeven
präsentieren sich als moderne
Menschen in moderner
Umgebung.

Stefan Moses
F.A.Z. vom 22. März 1969

Moderne Umgebung Ost:
„Der Brühl" in Leipzig

Wolfgang Haut
F.A.Z. vom 28. März 1969

Bitte Rauchen
unterlassen!

Kritische Theorie und Go-go-Girls

Professoren diskutieren. Max Horkheimer und Theodor Adorno im Gespräch mit Studenten.

Barbara Klemm
F.A.Z. vom 14. Mai 1969

I can't get no satisfaction – aber das wenigstens mit fortgeschrittenem Bewusstsein, auf den Höhen eines Durchblickertums, die später niemals mehr erreicht wurden. Die einen hantierten mit Haschisch, die anderen mit der Kritischen Theorie. Lange Haare hatten alle und Schlaghosen auch. Nicht dass man von der Kritischen Theorie viel verstanden oder von der geistesgeschichtlichen Landschaft, in der Adorno und Horkheimer sich bewegten, auch nur eine Ahnung gehabt hätte als junger Spund damals Ende der sechziger, Anfang der siebziger Jahre. Den „Jargon der Eigentlichkeit", das dunkelblaue Suhrkamp-Bändchen, das man mit Kennerblick aus dem Regal im Kleinstadt-Buchladen gefischt hatte, las man zwar von der ersten bis zur letzten Seite, doch ohne je zu verstehen, um was es eigentlich geht. Allein, schon der entsagungsvolle Akt der Lektüre war eine Art Initiation. Man hatte Adorno gelesen. Das öffnete einem das Tor zur Gemeinschaft der Wissenden, die sich über das bewusstlos im falschen Bewusstsein vor sich hin wurstelnde Lehrer- und Schülervolk erhaben fühlte.

Alltagstauglicher, wenn auch immer noch schwer zu verstehen, war die „Dialektik der Aufklärung". Vor allem das Kapitel über die Kulturindustrie. Das reflektierte zwar amerikanische Realitäten der vierziger Jahre, las sich aber wie eine Analyse der explodierenden Jugendkultur der Sechziger und Siebziger, wenn man sich von merkwürdigen Verweisen auf den Jazz und alte Hollywood-Filme nicht irritieren ließ. In diesem Kapitel standen Hammersätze, mit denen man seine Kritikfähigkeit – das war in den Zeiten der emanzipativen Pädagogik der hessischen Rahmenrichtlinien ein Muss – triumphal unter Beweis stellen konnte. Der Nachweis etwa, dass gute Stimmung immer ein Zeichen für eine schlechte Wirklichkeit sei, dass das Ausbleiben der Revolte gerade ihre objektive Notwendigkeit bezeuge, gelang mühelos: „Vergnügt sein heißt einverstanden sein. Es ist möglich nur, indem es sich gegenüber dem Ganzen des gesellschaftlichen Prozesses abdichtet, dumm macht und von Anbeginn den unentrinnbaren Anspruch jedes Werkes, selbst des nichtigsten, widersinnig preisgibt: in seiner Beschränkung das Ganze zu reflektieren. Vergnügen heißt allemal: nicht daran denken müssen, das Leiden vergessen, noch wo es gezeigt wird. Es ist in der Tat Flucht, aber nicht, wie es behauptet, Flucht vor der schlechten Realität, sondern vor dem letzten Gedanken an Widerstand, den jene noch übrig gelassen hat." Es ging immer um das Ganze und irgendwie auch um das Eigentliche, um die Wahrheit hinter der Wirklichkeit. Letztlich war die Ideologiekritik der Frankfurter Schule selbst eine sehr deutsche Ideologie. Wer glücklich war oder wenigstens zufrieden, wer sich amüsierte, der war arm dran, denn er hatte keinen Begriff von Glück und Erfüllung, konnte ihn unter dem Diktat der Kulturindustrie gar nicht gewinnen: „Die intimsten Reaktionen der Menschen sind ihnen selbst gegenüber so vollkommen verdinglicht, dass die Idee des ihnen Eigentümlichen nur in äußerster Abstraktheit noch fortbesteht:

personality bedeutet ihnen kaum mehr etwas anderes als blendend weiße Zähne und Freiheit von Achselschweiß und Emotionen."

Am 6. August 1969 starb Adorno, tief gekränkt und gedemütigt von denen seiner Schüler, die seine Kritische Theorie als Anleitung zu revolutionärer Praxis zu lesen versuchten. Das endete für manche in bösem Sektierertum. Die Masse der studentenbewegten Studenten ging allerdings nicht aufs Ganze, sondern auf den Marsch durch die Institutionen und in die Kulturindustrie. Die Revolutionäre wurden Lehrer, Redakteure und Animateure. Vielleicht hat es ja den einen oder anderen gegeben, der im Spätsommer 1969 vom philosophischen Seminar der Frankfurter Universität hinübergeschlendert ist zum Messegelände, zur ersten deutschen „Teenager-Messe", den Konsumrausch zu besichtigen. Für die Frankfurter Allgemeine Zeitung ging Helene Rahms dorthin, Jahrgang 1918. Sie betrachtet das Spektakel etwa so wie Horkheimer und Adorno 25 Jahre zuvor die Wirklichkeit der amerikanischen Massenkultur: bloß nicht staunen, kühl bleiben in lässiger Souveränität, das Fremde und Verstörende beiläufig behandeln. Doch plötzlich zeigt ein Nebensatz, dass Welten liegen zwischen der Beobachterin und den Beobachteten: „Go-go-Girls, die bellenden Silben treffen das Maschinenmäßige der Bewegung gut. Arme und Schenkel kreisen wie Pleuelstangen. Und die Jungen, Quintaner, Quartaner, Tertianer, blasse Lehrbuben, hocken davor, Mund leicht offen. Blick leicht umflort. Hier und in der Silberpapierhöhle, wo es zum Gestrampel dunkelhäutiger Go-go-Girls das süße bräunliche Getränk gibt. Und vor der Modebühne, wo durch eine Papptür, wie aus der Kulisse eines Märchentheaters, magere Mädchen in mageren Kleidchen mit Silber und Gold drauf gehüpft kommen, die kleinen Brüste hüpfen im Takt, die bärtigen Musikmacher rütteln die Köpfe im Takt, als seien sie bei Verdun verschüttet gewesen."

Als seien sie bei Verdun verschüttet gewesen, die bärtigen Popmusiker. Die Massenkultur beschwört die Erinnerung an den Massenkrieg herauf. Stahlgewitter in der Silberpapierhöhle. Beiläufig, flapsig dahingesagt ist das. Und leuchtet doch tief in das Jahrhundert hinein. Ernst Jünger hatte damals noch fast dreißig Lebensjahre vor sich. Für die jugendlichen Besucher der Frankfurter Teenager-Messe gehörte der Erste Weltkrieg, gehörte „Verdun" nicht mehr zum kollektiven Erfahrungsschatz. Sie hatten andere Kriegsbilder im Kopf, die ihnen jeden Abend von der „Tagesschau" geliefert wurden. Es waren die Bilder aus Vietnam. Und irgendwie hatten sie das Gefühl, gegen diesen Krieg und damit auf der richtigen Seite zu sein, wenn sie sich dem Rhythmus der Musik und der anregenden Wirkung brauner Limonade überließen. „Die vollends aufgeklärte Erde strahlt im Zeichen triumphalen Unheils", heißt es in der „Dialektik der Aufklärung". Auf der Teenager-Messe blättert ein „brauner Stupsnasiger" im Sexualkundeatlas „zur Seite äugend, ob da nicht einer sieht, was er sieht, und schmuggelt das Buch zurück unter die Anleitung zum Bau eines Aquariums".

Werbetour. Go-go-Girls preisen „das süße bräunliche Getränk" an, das seine Konsumenten angeblich in einen rauschartigen Zustand versetzt.

Wolfgang Haut
F.A.Z. vom 6. September 1969

Damit sich die Großmütter in der lauten, modernen Welt nicht vollkommen verloren vorkommen, erfindet die Unterhaltungsindustrie den kleinen Heintje.

Wolfgang Haut
F.A.Z. vom 3. Januar 1970

Deutschland und Deutschland
(Willy Brandt und Willi Stoph)
sind einander begegnet.
Viel zu sagen haben sie ein-
ander nach dem Treffen
in Kassel aber zunächst nicht
mehr. „Denkpause" heißt
das damals.

Wolfgang Haut
F.A.Z. vom 23. Mai 1970

Saison auf Sylt

Wolfgang Haut
F.A.Z. vom 6. August 1970

Frische Luft gibt es
auf Flughäfen ohnehin kaum.
Deshalb sollen sich die
Passagiere auch nicht unnötig
den Düften aussetzen:
Neubau in Köln-Wahn.

Wolfgang Haut
F.A.Z. vom 21. März 1970

Neu in Paris – ein Modebericht.

Wolfgang Haut
F.A.Z. vom 29. August 1970

Neu in Leipzig

Barbara Klemm
F.A.Z. vom 26. September 1970

„Love and Peace"-Festival
in Flügge auf Fehmarn:
Warten auf Jimi Hendrix

Wolfgang Haut
F.A.Z. vom 12. September 1970

Auf dem Sonnendeck dem neuen Jahr entgegen. Kreuzfahrten über Silvester werden immer beliebter.

Robert Held
F.A.Z. vom 30. Dezember 1970

Olympische Rekorde stellen Architekten in den Ausrichterstädten alle vier Jahre auf. In München baut Günter Behnisch.

Wolfgang Haut
F.A.Z. vom 29. April 1972

Olympisches Gesamtkunstwerk

Lutz Kleinhans
F.A.Z. vom 26. August 1972

Er hat es nicht nötig, durch Äußerlichkeiten aufzufallen: Alfred Hitchcock stellt seinen neuesten Film vor, und die Welt liegt ihm zu Füßen.

Barbara Klemm
F.A.Z. vom 14. September 1972

Die Frau des Häuptlings Obaharck. Die Amerikanerin Wyn Sargent lebt in Papua-Neuguinea als siebte Frau des lokalen Fürsten.

Harry Hamm
F.A.Z. vom 3. März 1973

Moskau in Bonn. Generalsekretär Breschnew ist mit einer großen Delegation zu Besuch. Er trifft auf offene Ohren.

Barbara Klemm
F.A.Z. vom 26. Mai 1973

Bräute

Ein junges Paar
blickt in eine andere Epoche.
Oder sollten sie doch
den Weg ins Geschäft finden?
Sie ist jedenfalls nicht auf
Anhieb abgeneigt.

Wolfgang Haut
F.A.Z. vom 16. März 1974

Will er sie aus ihren Mädchenträumen reißen? Haartracht und Kleidung weisen ihn als einen Mann aus, dem bestimmt nichts daran liegt, die Regeln bürgerlicher Wohlanständigkeit zu erfüllen, sich „anzupassen". Wer im fortschrittlichen Milieu der siebziger Jahre bestehen wollte, durfte nicht angepasst sein. Die Gebote der Emanzipation waren streng, denn überall lauerte die Versuchung der süßen Bequemlichkeit der Tradition. Theoretisch war das Elend der Kleinfamilie ja durchschaut. Aber emotional hatte man mit der gefährlichen Sehnsucht nach dem kleinen Glück in geordneten Verhältnissen noch nicht abgeschlossen.

Die Kluft zwischen Sein und Sollen hatte die „Zweierbeziehung" zu überbrücken. Sie war eines der härtesten Fächer im Kanon der Emanzipation. Die Zweierbeziehung stand immer auf der Kippe. Wurde aus ihr ein Paar, gar ein Ehepaar, war alles verloren. Löste sie sich auf, weil die Partner, meist war es nur einer, beschlossen hatten, dass es freier Menschen unwürdig sei, sich aneinander zu klammern – im Satz „Du klammerst" kündigte sich immer die Trennung an –, war auch alles verloren.

Die Idole aller Zweierbeziehungen hießen Jean-Paul und Simone Sartre beziehungsweise de Beauvoir. Die waren stark und frei und unabhängig, lebten in Paris jeder für sich und doch innig verbunden. Sie schrieben Bücher und saßen im „Coupole" oder im „Flore". Ihre Zweierbeziehung schied erst der Tod. Man glaubte gern diese Legende. Es wird allerdings berichtet, dass am Beginn dieser legendären Zweierbeziehung, Ende der zwanziger Jahre, der Lehramtskandidat Sartre zur Lehramtskandidatin de Beauvoir gesagt haben soll: „Von nun an nehme ich Sie an der Hand." So war das damals bei Lehramtskandidaten aus gutem Hause. Doch fast fünfzig Jahre später konnte es immer noch passieren, dass eine Frau vor einem Schaufenster mit Brautmoden verharrt, neugierig, fasziniert, vielleicht nachsinnend über das Los ihres Geschlechts im Allgemeinen und das eigene im Besonderen – und sich nur widerwillig von einem Mann fortziehen lässt, der sie an die Hand genommen hat. Ob ihn die Emanzipation oder die alte Bindungsunlust der Männer bewegt, man weiß es nicht.

Simone de Beauvoirs Buch „Das andere Geschlecht. Sitte und Sexus der Frau" erschien 1949 bei Gallimard in Paris, 1951 brachte der Rowohlt Verlag die deutsche Übersetzung heraus. „Ich habe lange gezögert, ein Buch über die Frau zu schreiben", bekennt die Autorin. „Das Thema ist ärgerlich, besonders für Frauen; außerdem ist es nicht neu. Im Streit um den Feminismus ist schon viel Tinte geflossen, zur Zeit ist er fast beendet: reden wir nicht mehr davon. Man redet aber doch davon. Besteht hier ein Problem? Und welches ist es denn? Gibt es überhaupt Frauen?"

Auf siebenhundert Seiten entfaltet Simone de Beauvoir die Geschichte der kulturellen Konstruktion der Weiblichkeit. Die Tinte fließt. Bis aber der Strom in Deutschland ankommt, vergehen noch zwanzig Jahre. Dann ging es mit den Taschenbuchausgaben Schlag auf Schlag. Das „andere Geschlecht" wurde zum feministischen Bestseller.

Simone de Beauvoirs später Erfolg in Deutschland war nicht zuletzt das Werk ihrer feministischen Tochterschwester: Alice Schwarzer. Die war in den sechziger Jahren mit ehrgeizigen Plänen nach Paris gegangen: Französisch lernen und Journalistin werden. Sie hat ihre Pläne verwirklicht. In Paris traf sie zunächst an der Sorbonne einen sanften französischen Völkerrechtler namens Bruno, mit dem sie eine Zweierbeziehung einging. Sie lernte aber auch die Beauvoir kennen und den französischen Feminismus. „Wir haben abgetrieben", stand 1971 auf einem Titelblatt des „Stern". Mit dieser „Aktion 218", die sie den französischen Schwestern abgeschaut hatte, betrat Alice Schwarzer die deutsche Bühne. Sie hat sie seitdem nicht wieder verlassen.

Inzwischen hat sie viele Bücher geschrieben. Eines aber ist „ihr" Buch: „Der kleine Unterschied und seine Folgen". Der kleine Unterschied ist ein geflügeltes Wort geworden, eine Chiffre, die alles treuherzige Reden über Mann und Frau und die Liebe mit böser Ironie zerfressen hat. Erfahrungsberichte aus dem Frauenleben öffnen den Blick auf die Hölle des Patriarchats: die Geschlechterbeziehung als Macht- und Gewaltverhältnis, der Geschlechtsakt als männliche Aggression, die Penetration als Signum weiblicher Unterworfenheit. Simone de Beauvoir türmte noch Bildungsgut auf: Geschichte, Religion, Philosophie, Kunst und Literatur, Psychoanalyse. Alice Schwarzer blickte aufs Wesentliche. Sie war massenwirksam.

Von der Frau, die in diesen frühen Siebzigern die Männer retten wollte, spricht heute niemand mehr. Esther Vilar war mit ihrem „Dressierten Mann" eine publizistische Sternschnuppe. Im Fernsehen trafen Frau Schwarzer und Frau Vilar in einem Streitgespräch aufeinander. „Hennenkampf", schrieb Sibylle Wirsing im Fernsehtagebuch der Frankfurter Allgemeinen darüber: „Die blonde Streitmacht hieß Alice Schwarzer, sie war der emanzipierte, intellektuelle Typ mit einem Maschinengewehrmundwerk, vielen Fremdwörtern und harten Argumenten, welche Talente und Errungenschaften selbstverständlich für den Befreiungskampf der seit Adams Zeiten unterdrückten Frau eingesetzt wurden; die bräunliche Feindmacht gegenüber hieß Esther Vilar, war der verschlagene und nie zu schlagende Weibchentyp, wahrscheinlich weniger von Herzen als aus exakter Berechnung hinreichend naiv, das weibchende Spätzchen, wie es die Männer gern haben, sie hatte keinerlei Argumente außer der eigenen hartpersönlichen Gewitztheit, die sie, so raffiniert sie eben konnte, ihrer Sache zugute kommen ließ, der tollen, wenn inzwischen auch abgedroschenen Behauptung, das männliche Geschlecht sei das unterdrückte." Hartpersönliche Gewitztheit – die Formulierung ist ein wenig rätselhaft, aber sie prägt sich ein.

Der Feminismus hat gesiegt. Auf der ganzen Linie. Die Provokationen der Siebziger sind die Selbstverständlichkeiten von heute. Die Feministinnen sind milder geworden. Ihre Töchter genießen gelassen die Früchte des Sieges. Und bleiben manchmal vor den Schaufenstern mit Brautmode stehen, um eine der vielen Möglichkeiten zu betrachten, die das Leben so bietet.

Erschöpft, gelangweilt von der marmornen Weiblichkeit.

Barbara Klemm
F.A.Z. vom 15. Juni 1974

Die CDU hält ihren Parteitag ab. Noch schaut Kurt-Georg Kiesinger gütig drein. Aber die neue Generation der Macht sitzt schon bereit, auch wenn die Zeitung diese Bemerkung noch mit einem Fragezeichen versieht.

Barbara Klemm
F.A.Z. vom 28. Januar 1971

Herbert Wehner (nicht
im Bild). Der Rest der SPD-
Troika ist sich seit dem
Rücktritt Brandts und der
Amtsübernahme Schmidts
auch nicht mehr grün.

Barbara Klemm
F.A.Z. vom 28. Dezember 1974

Ohne Begleitung, ohne Tagesordnung. So war die Theorie am Anfang der Weltwirtschaftsgipfel. Vom Kamin, an dem das Ganze stattfinden solle, war auch einmal die Rede. Der erste fand in Rambouillet bei Paris statt.

Wolfgang Haut
F.A.Z. vom 16. September 1974

Die DDR wird 25 Jahre alt. Auch im Westen heißt sie mittlerweile so. In Ost-Berlin wird zwar viel von der goldenen Zukunft gesprochen. Bei der offiziellen Parade aber ist auf den Plakaten doch „Bewährtes" in Gestalt der Gründungsväter der Staatsideologie zu sehen.

Wolfgang Haut
F.A.Z. vom 8. Oktober 1974

Im Kampf um die
Fußball-Weltmeisterschaft hat
sich zwar der „Klassenfeind“
am Ende wieder einmal
als stärker erwiesen. Aber die
Geste der beiden Parteiführer
beim DDR-Jubiläum wäre
eines Meisterspielers würdig.

Wolfgang Haut
F.A.Z. vom 28. Dezember 1974

Original und stilisierte Fälschung: in der U-Bahn von Paris.

Barbara Klemm
F.A.Z. vom 21. Januar 1975

Original: Tina Turner

Wolfgang Haut
F.A.Z. vom 23. August 1975

Fahrpreiserhöhungen
im öffentlichen
Personennahverkehr sind nie
beliebt. Nur selten gehen
die Emotionen aber so hoch
wie im Frankfurt des
Jahres 1975. Die Polizei geht
gegen Demonstranten
vor, die Straßenbahngleise
blockiert hatten.

Barbara Klemm
F.A.Z. vom 14. Juli 1975

Fernab aller Hektik:
José María Areilza, Graf von Motrico, im Arbeitszimmer seines Palastes. In seinem Haus können Anhänger Francos und Oppositionelle miteinander sprechen. Es geht um die Zukunft Spaniens.

Barbara Klemm
F.A.Z. vom 15. November 1975

Er singt an gegen
das Regime in der DDR; ohne
Aussicht auf irgendeinen
Erfolg, wie es scheint. Aber
Wolf Biermann lässt sich auch
durch die bald folgende
Ausbürgerung nicht beirren.

Barbara Klemm
F.A.Z. vom 15. November 1976

„Lotse" Helmut Schmidt
im Bundestagswahlkampf

Wolfgang Haut
F.A.Z. vom 25. September 1976

Zaungast der besonderen Art. Am Nürburgring, der angeblich berühmtesten Einbahnstraße der Welt, schaut man immer wieder gerne hin, wenn Erwachsene in ziemlich schnellen Fahrzeugen im Kreis fahren.

Wolfgang Haut
F.A.Z. vom 18. Juni 1977

Die Bundesrepublik im vielleicht schwersten Jahr ihrer Geschichte. Terroristen bedrohen den Staat. Zu den Opfern zählt der Bankier Jürgen Ponto. Der Bundespräsident geleitet die Witwe nach der Trauerfeier aus der Paulskirche.

Lutz Kleinhans
F.A.Z. vom 6. August 1977

Für den Westen ist er „der Neue“. Für seine Landsleute in Polen verkörpert Johannes Paul II. dagegen die vielleicht einzige Hoffnung auf eine bessere Zukunft. Das zeigen sie ihm zu Hunderttausenden. Die Kommunisten können es nicht verhindern.

Barbara Klemm
F.A.Z. vom 16. Juni 1979

Auch sie ein „Ost-Import“:
Nina Hagen, hier in
der Offenbacher Stadthalle.

Wolfgang Haut
F.A.Z. vom 18. November 1978

Regisseur Volker Schlöndorff rührt die „Blechtrommel". Das Publikum strömt ins Kino und erfährt etwas von Danzig, noch bevor alle Welt dort nur eine bestimmte Werft und einen schnauzbärtigen Elektriker kennt.

Wolfgang Haut
F.A.Z. vom 21. Oktober 1978

Der Westen hatte
Iran als quasi zu ihm gehörig
„verbucht". Die islamische
Geistlichkeit hielt sich
aber nicht an die Regeln, und
auf einmal ist der Begriff
„Ajatollah" jedem irgendwie
bekannt. Chomeini ist
der Berühmteste, aber auch
Ajatollah Taleghani gehört
zu den Führern der neuen
Islamischen Republik.

Barbara Klemm
F.A.Z. vom 25. August 1979

In Altötting wird
Religion auf althergebrachte
Weise zelebriert.

Wolfgang Haut
F.A.Z. vom 24. Mai 1980

Rio de Janeiro – im Quadrat.

Robert Held
F.A.Z. vom 2. April 1980

Am Bett des Schwerkranken
ist die Nachtschwester allein.

Wolfgang Haut
F.A.Z. vom 19. Juli 1980

Man nennt es gern „Milieu“, wenn, wie im Berliner Bezirk Kreuzberg, viele Dinge nicht so sind wie anderswo. Der Zeitungsartikel spricht unfein von „Chaos“.

Barbara Klemm
F.A.Z. vom 21. Februar 1981

Inspiration für „Die Kälte“?
Thomas Bernhard

Barbara Klemm
F.A.Z. vom 14. April 1981

Urlaub am Strand
zählt zu den sozialen
Errungenschaften. Aber das
Reisen wird immer teurer.
Und die Reiseindustrie
gibt sich besorgt. Wer fragt
nach den Sorgen der
Reisenden?

Barbara Klemm
F.A.Z. vom 16. Juli 1981

Mit Urlaub haben sie nichts im Sinn, obwohl auch sie vielleicht einmal mit dem Flugzeug in die Sonne fliehen möchten. Aber wenn für die Flugzeuge eine neue Startbahn gebaut werden soll, dann hört für die Anwohner der Spaß auf. Dann wird am Rande des Rhein-Main-Flughafens ein „Widerstandsdorf" errichtet.

Barbara Klemm
F.A.Z. vom 30. September 1981

Der Staat setzt dem „Widerstand“ gegen den Flughafenausbau entschieden Widerstand entgegen. In und um Frankfurt kommt es immer wieder zu heftigen Zusammenstößen.

Barbara Klemm
F.A.Z. vom 19. Dezember 1981

Im Ton der Zeit und so gar nicht kontrovers: Nicole singt irgendwie vom Frieden.

Wolfgang Haut
F.A.Z. vom 29. Mai 1982

Eine neue Partei entsteht.
Sie redet viel von Frieden.
Darüber hinaus weiß sie nicht
immer, was sie will und soll.

Barbara Klemm
F.A.Z. vom 20. November 1982

Gesichter Indiens:
Kalkutta erwacht und mit ihm
die Menschen, die
die Nacht auf der Straße
verbracht haben.

Barbara Klemm
F.A.Z. vom 4. September 1982

Gesichter Indiens:
In der Wirtschaftsmetropole
Bombay zeigt sich
ein Land, das gewillt scheint,
westlichen Bausünden
getreulich nachzueifern.

Barbara Klemm
F.A.Z. vom 4. September 1982

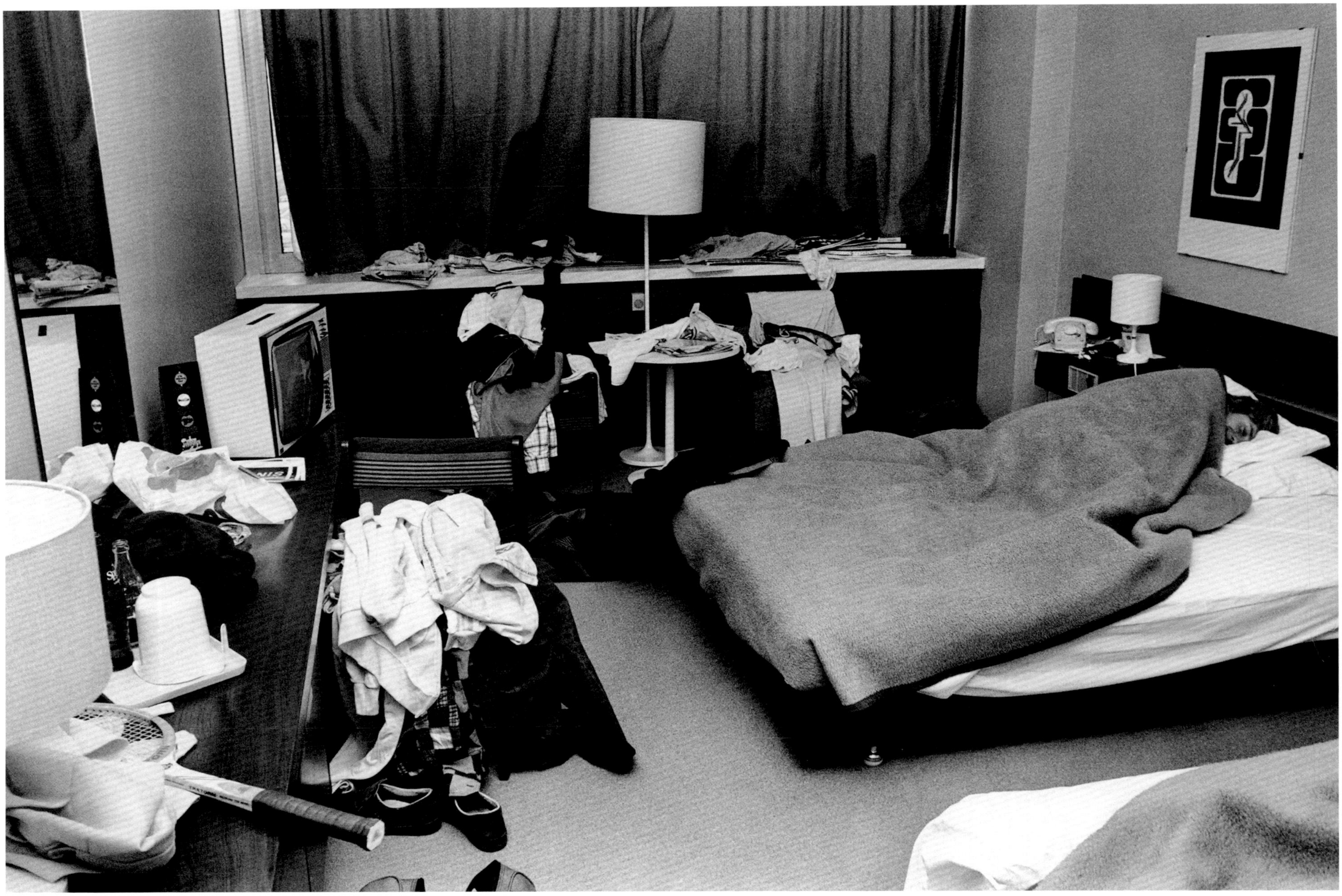

Schön, oder? Die Traumwelt
des Tennisspielers Björn Borg.

Calle Hesslefors
F.A.Z. vom 10. Januar 1980

Wenn es nicht von ihm ist, schaut der Künstler besonders genau hin. Joseph Beuys mit Hermann Josef Abs im Frankfurter Städel

Lutz Kleinhans
F.A.Z. vom 23. Oktober 1982

Das Denkmal über
dem Denkmal: Der Eiffelturm
beschützt die Büste seines
Schöpfers.

Wolfgang Haut
F.A.Z. vom 30. April 1983

Die Idylle trügt. Was der Fischer aus dem Altrheinarm bei Offenburg herausholt, hat ihm nicht die Natur beschert. Es muss vorher von Menschenhand eingesetzt werden.

Wolfgang Haut
F.A.Z. vom 30. April 1983

Immer weniger
Menschen zwischen immer
mehr Maschinen. Das
Vertrauen in die Technik ist
aber nicht mehr ungetrübt.

Wolfgang Haut
F.A.Z. vom 10. November 1984

Was aussieht wie
unberührte Natur, ist in
Wirklichkeit eine biologische
Kläranlage für Chemie-
Abwässer. Das alles nennt sich
Wurzelraumentsorgung.
Um die Anlage in der
Nähe von Bielefeld ist trotz
aller Chemie ein kleines
Erholungsgebiet entstanden.

Wolfgang Haut
F.A.Z. vom 24. November 1984

Der Schienenbus

150 Jahre Eisenbahn

Wolfgang Haut
F.A.Z. vom 21. Februar 1985

Für eine Runde Skat reichte die Zeit immer, damals, als man noch Fahrschüler war. Über die Woche hin wurden regelrechte Turniere ausgetragen. Die Schultasche auf den Knien diente als Kartentisch. Doch nicht nur so wurde die Zeit im Schienenbus genutzt. Es wurden auch Hausaufgaben abgeschrieben, es wurde ein letzter, oft der einzige Blick ins Vokabelheft geworfen. Draußen zog gemächlich die Landschaft vorbei.

Der Schienenbus bot Rundumblick. Vorne sah man den Rücken des Zugführers und die großen Scheibenwischer. Der Zug fraß Schienen und Schwellen. Im Heckfenster tanzte der angehängte Wagen. Dort ging es laut zu, wenn der Schaffner vorne im Triebwagen beim Fahrer saß. Schon bei der Einfahrt in den Bahnhof rissen die Schüler die Falttüren auf. Sie hatten Übung mit dem Bügelgriff und dem Druckknopf. Die ersten waren auf dem Bahnsteig, bevor der Zug quietschend zum Stehen kam und nur noch leise im Leerlauf tuckerte. Warnschilder nützten nichts.

Bahnübergänge gab es damals noch überall. Von Unterführungen und Überführungen träumten die Kommunalpolitiker nur. Bahnübergänge behinderten den Verkehrsfluss. Sie waren aber auch Orte, an denen Leute zusammenkamen, weil sie in ihrer Fortbewegung gehindert waren – Fußgänger, Fahrradfahrer, Bauern auf ihren Traktoren, Autofahrer. Auf der gegenüberliegenden Seite die gleiche Versammlung, in Sichtweite, aber unerreichbar. Gingen die Schranken hoch, liefen und fuhren die Leute schnell aneinander vorbei, ohne Notiz voneinander zu nehmen, weil es zwischen den Schranken kein Verweilen geben durfte.

Das Fahrrad hat Torpedo-Dreigangschaltung, einen Wimpel an der Lenkstange und einen am Gepäckträger. Man wartet ganz vorne an der rotweißen Schranke. Der Schrankenwärter telefoniert und stellt ein Signal. Unerbittlich verlegen die Bahngleise den Weg. Die Schienen durchschneiden den Asphalt. Hell schimmert ihre glatt polierte Oberfläche. Zwischen Schranke und Schranke der „Gleiskörper", verbotene Zone. Man kannte mindestens drei Hunde, die dort überfahren wurden, und sogar einen Selbstmörder. Es nähert sich das Brummen eines Dieselmotors. Das ist kein Schnellzug, der gleich herrisch vorbeidonnert, kein Güterzug, der nicht enden will. Es kommt der rote Schienenbus. Der Schienenbus ist eine Beschwichtigung. Er macht sich nicht lang, er ist nicht laut. Er ist kein richtiger Zug, sondern ein Schienenfahrzeug. Er entschuldigt sich dafür, dass er die Vorfahrt in Anspruch nimmt. Man nimmt ihm die Entschuldigung ab. Schon hebt sich die Schranke.

Verliefen Schiene und Straße parallel, war es für die Autos leicht, mit dem Schienenbus Schritt zu halten. Seine neunzig Stundenkilometer Höchstgeschwindigkeit erreichte er nur auf geraden Strecken, wenn er zwischen zwei Haltepunkten für kurze Zeit Auslauf hatte. Breitbeinig ging dann der Schaffner durch den Mittelgang und knipste die Fahrkarten der neu Zugestiegenen. Nachher blieb vielleicht noch Zeit für eine kleine Verschnaufpause auf dem Klappsitz neben dem Fahrer. Es war ein gemächliches Reisen mit dem Schienenbus. Reisen ist der falsche Ausdruck. Mit dem Schienenbus fuhr man nicht fort, sondern nur wohin: in die Schule, zur Arbeit, zum Arzt. Der Schienenbus war das Gefährt des Nahverkehrs. Wo er hinfuhr, kannte man sich aus.

Vor allem auf den Nebenstrecken ersetzte der Schienenbus in den fünfziger Jahren die kleinen Dampflokomotiven. Den Prototyp baute 1950 die Waggonfabrik Uerdingen. Bis 1955 wurden mehr als 1000 Trieb- und Beiwagen in Dienst gestellt, schließlich waren es mehr als 2000. Die Bundesbahn brauchte ein „wirtschaftliches Schienenfahrzeug", um gegen die damals schon starke „Omnibus- und Kraftwagenkonkurrenz" bestehen zu können. Es war daher „ein Gebot der Stunde, durch Schaffung neuer, ansprechender, aber trotzdem billiger Fahrzeuge den Verkehr auf der Schiene so zu verbessern, dass nicht nur die Abwanderung aufgehalten, sondern darüber hinaus die Fahrgäste wieder der Schiene zurückgewonnen wurden", heißt es in einem historischen Rückblick aus Anlass des vierzigsten Geburtstages der Bundesbahn.

Am Ende hat der Schienenbus den Wettkampf doch nicht bestanden. Schon als er auf die Schiene gesetzt wurde, begann das Sterben der Nebenstrecken. Bis Mitte der achtziger Jahre war Stück für Stück, von Fahrplanwechsel zu Fahrplanwechsel auf 8000 Schienenkilometern der Personenverkehr eingestellt worden. Der Schienenbus wurde zum Nostalgieobjekt. Anfang der neunziger Jahre wurden die letzten aus dem Verkehr gezogen – in Westdeutschland. In den neuen Bundesländern erlebte er eine kleine Renaissance. Das Reiseblatt der Frankfurter Allgemeinen stimmte im Februar 1985 den Abgesang auf den Schienenbus an. Konrad Mrusek schrieb: „Die Tristesse dieser Art von Nahverkehr zeigt sich im Alltag. Die Zahl der Fahrgäste schwindet, die Wagen werden immer klappriger, die Fahrpläne dünner, und die Straßen neben der Schiene werden immer besser und voller." Gleichwohl erhebe sich sofort Protest, wenn die Schließung einer Strecke geplant werde: „Der Protest ist derart laut und einhellig, dass man den Eindruck gewinnen muss, die Deutschen seien ein Volk von Bahnfahrern. Selbst notorische Automobilisten, die höchstens bei Glatteis den Weg zum Bahnhof finden, schmücken die Rückseite ihrer fahrbaren Untersätze mit einem Aufkleber, der ein ‚Ja' bekundet zur Erhaltung der Strecke." Das war wohl eine Besonderheit der achtziger Jahre, als die Deutschen die „Heimat" wieder entdeckten und um jeden Baum kämpften.

Wo früher das Bahnwärterhäuschen stand, ist jetzt eine Grünanlage. Am Bahnhof steht ein Fahrkartenautomat des Verkehrsverbundes. Schon lange ist der Schalter nicht mehr besetzt. Der alte und der neue Teil des Dorfes, früher durch die Bahnlinie getrennt, sind jetzt durch Fußgängertunnel verbunden. Dafür nehmen grüne Schallschutzwände den Blick von der einen zur anderen Seite. Zwischen ihnen rasen die ICE-Züge hindurch. Schaffner heißen jetzt Zugbegleiter. Sie servieren Kaffee und Snacks. Die Klimaanlage sorgt für gleichmäßige Temperatur. Draußen huscht die Landschaft vorbei. Irgendeine Landschaft. Drinnen klingeln leise die Handys.

Ein Fall für Prinz Charles? Der Text spricht von Sünden der Architektur.

Wolfgang Haut
F.A.Z. vom 20. April 1985

Andy Warhol und eines seiner Modelle

Barbara Klemm
F.A.Z. vom 24. Februar 1987

An der Bemalung erfreut sich so manches Künstlerherz. An den Bau will man sich nicht gewöhnen, zumindest nicht im Osten, wo die bunte Bemalung ja auch nicht zu sehen ist. Dem DDR-Grenzsoldaten hat sie offenbar nicht gefallen.

Barbara Klemm
F.A.Z. vom 25. April 1987

Ob der Pinguin
sich vergnügt, weiß niemand.
Aber immerhin, heißt es,
bemüht sich der Zoo darum,
seinen Schützlingen möglichst
artgerechte Bedingungen
zu schaffen. Nur den Zwang
zur Futtersuche wie in
der Natur kann keine noch so
ausgeklügelte Dekoration
ersetzen.

Wolfgang Haut
F.A.Z. vom 21. März 1987

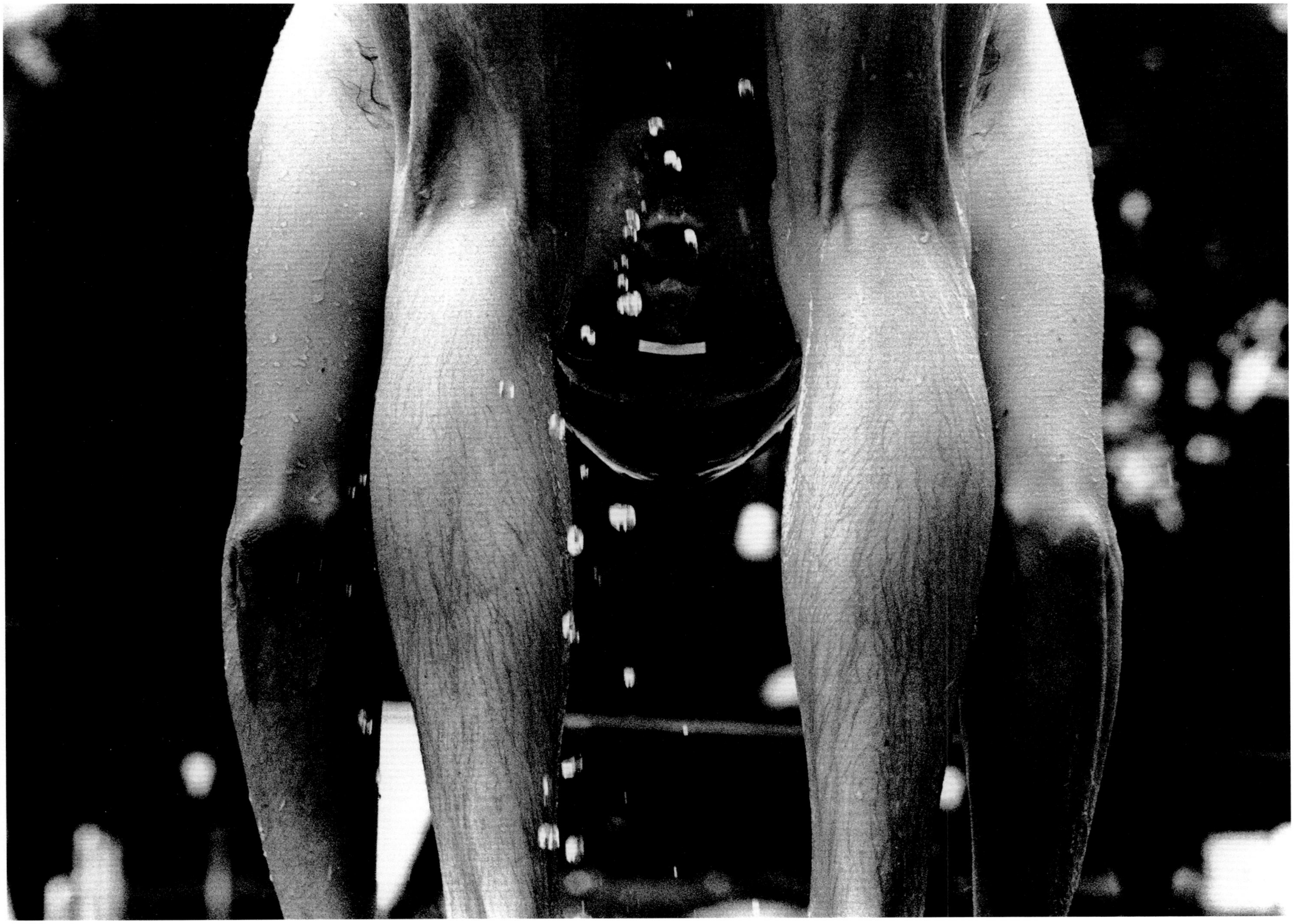

Als wolle er nicht hinschauen. Aber der Schwimmer macht seine Verrenkungen im Dienst der Sache. Schließlich will man ja mit möglichst großem Schwung ins Wasser kommen. Am Ende winken womöglich Medaillen.

Mirko Krizanovic
F.A.Z. vom 1. Juli 1987

Ein Wunder auf dem Wandteppich, die Wirklichkeit steht davor. Moses schlug Wasser aus dem Stein, die noch geteilten Deutschen beklatschen den Abschluss irgendwelcher Abkommen. Dem Kanzler war's kein Vergnügen, E. H. sieht sich am Ziel mancher Wünsche.

Barbara Klemm
F.A.Z. vom 9. September 1987

Die Rockgruppe
„The Scorpions“ bringt
(nicht nur) in Frankfurt das
Publikum auf Trab.

Mirko Krizanovic
F.A.Z. vom 22. Dezember 1988

Im Städelschen Kunstinstitut
Frankfurt pflegt man
die hohe Kunst des Malens.

Mirko Krizanovic
F.A.Z. vom 30. November 1988

Die hohe Kunst
des Pilgerns. Die Kirche in
Santiago de Compostela.

Barbara Klemm
F.A.Z. vom 29. Dezember 1988

Alle wollen sie teilhaben
am Aufschwung Japans. Die
Amerikaner haben ihn
erst angestoßen, dann hat sie
manches an ihm abgestoßen.
Aber das Land der auf-
gehenden Sonne behauptet
seinen Platz an der Sonne.

Wolfgang Haut
F.A.Z. vom 6. August 1988

Ein Test für
die Standortqualität:
Landwirtschaft
in Portugal

Wolfgang Haut
F.A.Z. vom 14. Januar 1989

Aufregende Zeiten

Moderne Zeiten.
Zu den Markenzeichen des „modernen" Menschen gehört, dass er keine Zeit zu haben vorgibt. Zur Untermalung empfiehlt sich ein gehetzter Blick zur Uhr.
Barbara Klemm
F.A.Z. vom 1. April 1989

Uhrenvergleich auf der Frankfurter Messe. Bilder und Zeiten offenbaren manchmal erst nachträglich einen den Zeitgenossen noch verborgenen Sinn. Oder spürten die Geschäftsleute schon etwas im Frühjahr 1989?

Es war die Zeit, in der die Handys aufkamen: Statussymbol für die allzeit Gefragten. Im Magazin der Frankfurter Allgemeinen erschien damals Woche für Woche eine kleine Anzeige: „Der Mann ein Entscheider – seine Hose Stabil-Elasto." Das war der treuherzige Versuch, in den schicken, luxusseligen achtziger Jahren Stretchcord an den Mann zu bringen. Stretchcord trugen die Handy-Männer noch nicht einmal in ihrer Freizeit.

Die Aussichten waren gut. Zum ersten Mal seit 1984 war die Arbeitslosenzahl unter zwei Millionen gesunken. Es regte sich etwas. Einzelhandelsgeschäfte durften jetzt einmal in der Woche, donnerstags, bis 20:30 Uhr geöffnet haben. Die Dienstleistungsgesellschaft genehmigte sich wenigstens einen Dienstleistungsabend. Die Post wurde in ihre Einzelteile zerlegt – Postdienst, Bank, Telekommunikation: Vorzeichen der Privatisierung.

Im Februar 1989 wurde in Berlin, in West-Berlin, das Stück „Die Zeit und das Zimmer" von Botho Strauß uraufgeführt. Die Bühne ist ein Raum mit drei großen Fenstern zur Straße. Vor dem mittleren Fenster ein kleiner Tisch und zwei Sessel. Der eine zum Fenster, der andere nach innen gerichtet. Im Sessel zum Fenster sitzt Julius. Im Sessel zum Zimmer Olaf. Julius sagt zu Olaf: „Wir wollen nichts. Wir haben nichts vor. Wir sind zwei sich liebende Skeptiker. Wie lange haben wir nicht mehr gesagt: Man könnte, man sollte, man müsste. Wir genießen die gemeinsame Seelenruhe, die innere Schönheit: nichts zu wollen. Und doch liegt uns manchmal der Plan auf der Zunge. Leuchtet die Idee im Auge. Aber Ideen sind scheu. Schon mit dem ersten Wortlaut sind sie verschwunden. Es wird niemals von uns ein Plan gefasst werden. Er ist nicht zu fassen. Wenn man alles genau durchdenkt. Wenn man alles sorgfältig mit sich geschehen lässt. Wir wollen im Grunde nichts. Das ist eine sehr weit reichende Position, mein Lieber."

Die Geschäftigkeit in Frankfurt und der abgeklärte Skeptizismus auf der Berliner Schaubühne waren Stimmungen eines neuen europäischen Vormärz, der ein Vornovember war. Strauß' Figuren erinnern nicht von ungefähr an Georg Büchners Traumtänzer, an Leonce zum Beispiel, den Sohn des Königs Peter vom Reiche Popo, dem sein Leben vorkommt wie ein „großer weißer Bogen Papier", und an Lena, die Prinzessin vom Reiche Pipi, die sich nach Leonce' vereiteltem Selbstmordversuch – sein ganzes Leben wird er dafür keinen so „vorzüglichen Augenblick" mehr finden – nur noch einen „recht gesunden, plumpen Schlaf" wünscht. Sie will im Grunde nichts, was eine sehr weit reichende Position ist. Nach einem Verwirrspiel heiraten Leonce und Lena. König Peter, der künftig ungestört denken will, übergibt seinem Sohn die Regierungsgeschäfte. Was anfangen mit der Macht? Soll man zum Gesetz erheben, dass jeder sein Leben in Faulheit und Schönheit verbringe?

Die Handy-Männer wollten von einer Pflicht zur Faulheit nichts wissen. Unter die Gebote eines strengen Arbeits- oder Pflichtethos stellten sie sich allerdings auch nicht. Sie gaben sich unter dem behäbigen Bürgerkönig Kohl der lange geschmähten Lust am Geldverdienen hin. Arbeit wurde zu einer Form, das Leben zu genießen. Für manche wurde sie zur Sucht. Die Zeit der großen Zukunftsentwürfe, der radikalen Gesellschaftskritik, der Protestbewegungen war vorbei. Die Westdeutschen begannen, sich Luxus, Witz und Ironie zu leisten.

In der DDR hatten sich seit Monaten die Zeichen des wirtschaftlichen Bankrotts gemehrt. Es trat offen zutage, was Wirtschaftsfunktionäre schon lange wussten: Es ging zu Ende. Am 22. Januar verkündete Honecker trotzig, die Mauer werde in hundert Jahren noch stehen. Seine Tage waren gezählt. Im Jahr der europäischen Wende beschleunigte sich die Zeit rasend. Immer mehr Bürger in der DDR demonstrierten für politische Freiheit und die Freiheit, das Land zu verlassen. Die Fälschung der Kommunalwahlen isolierte die Führung des SED-Staates vollends. An der ungarisch-österreichischen Grenze fielen die Befestigungen. Der Warschauer Pakt widerrief die Breschnew-Doktrin von der begrenzten Souveränität der Mitgliedstaaten. Der Sommer gehörte den Botschaftsflüchtlingen. Am 11. September öffnete Ungarn den Eisernen Vorhang endgültig. Am 30. September fuhren erste Sonderzüge mit Flüchtlingen aus Prag und Warschau über die DDR nach Westdeutschland. Elf Tage nach den gespenstischen Feierlichkeiten zum vierzigsten Gründungsjubiläum der DDR stürzte Honecker. Am 8. November trat das Politbüro zurück. In der Nacht vom 9. auf den 10. November öffnete sich die Mauer. Die Teilung der Welt war Geschichte. Das sowjetische Imperium stürzte in sich zusammen.

So viel Geschichte in so kurzer Zeit hat kaum je eine Generation erlebt. Terminkalender wurden schneller Makulatur, als sie geschrieben waren. Das gilt nicht nur für den Zehn-Punkte-Plan des Bundeskanzlers für ein langsames Zusammenwachsen der beiden deutschen Staaten. Die Uhren spielten verrückt. Welche Zeit sollten sie messen? Die rasende Zeit der sich überschlagenden Ereignisse, der plötzlichen scharfen Wendungen persönlicher Lebenswege, der sagenhaften Karrieren und Abstürze? Oder den mächtig an die Oberfläche kommenden Strom der historischen Zeit der Völker, Nationen und Kulturen? Die einen erkannten beim Blick auf die Uhr das Ende der Geschichte im globalen Sieg von Demokratie und Marktwirtschaft, die anderen die Rückkehr der Geschichte nach dem Lösen der totalitären Fesseln. Der Blick auf die Uhr eröffnete damals erheblichen Interpretationsspielraum. Viele fühlten sich berufen, zu verkünden, was die Stunde geschlagen habe. In der politischen Publizistik herrschte ein schmetternder Fanfarenton vor.

In welchen Zeiten leben wir? Im Frühjahr 1989 verlor diese Frage alles Floskelhafte, weil der Bestand an Selbstverständlichkeiten, über die man sich mit einer Geste des Einvernehmens verständigen konnte, geschrumpft war. Aufregende Zeiten.

Unmoderne Zeiten.
Gefeiert wird der Geburtstag Charlie Chaplins.

Barbara Klemm
F.A.Z. vom 18. April 1989

DDR-Grenzsoldaten beobachten die feindliche Welt. Die freundlichen Mauerbemalungen bleiben ihnen freilich verborgen.

Wolfgang Haut
F.A.Z. vom 2. Oktober 1995

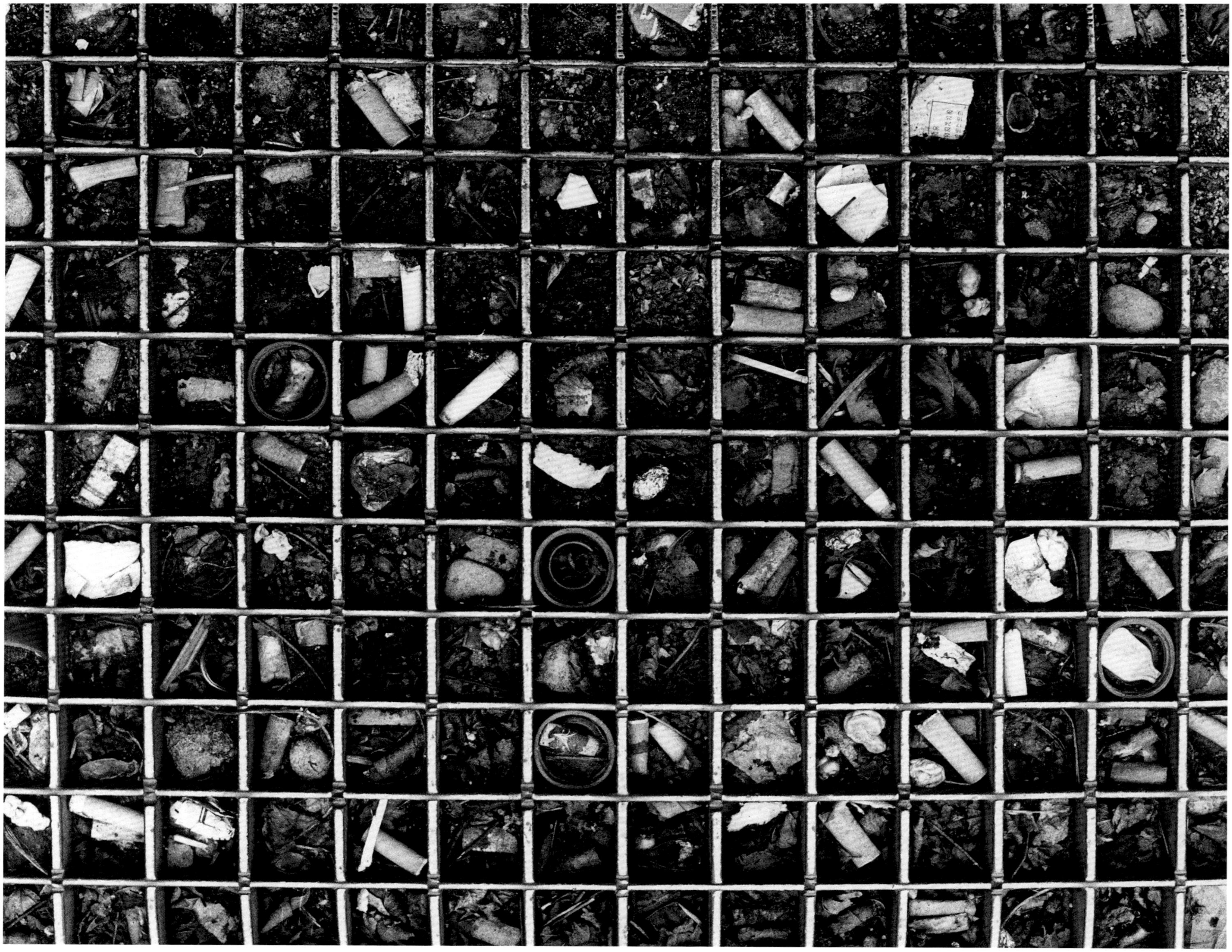

Kein Setzkasten,
sondern ein Bodengitter
an der Frankfurter
Hauptwache.

Mirko Krizanovic
F.A.Z. vom 23. Juni 1989

Aussiedler sind
keine Kostgänger, meldet
die Zeitung. Sie wollen
ankommen, anpacken und
dann dabei sein.

Calle Hesslefors
F.A.Z. vom 5. August 1989

Es bröckelt im Ostblock.
In Polen wird ein Kabinett des Übergangs gebildet. Aushängeschild bleibt freilich der Kriegsrechtsgeneral Jaruzelski.

Barbara Klemm
F.A.Z. vom 12. August 1989

Nicht nur der Baum
ist umgekippt. Der dahinter
liegende See gilt auch
als biologisch tot.

Wolfgang Haut
F.A.Z. vom 30. September 1989

Es bröckelt nun auch in der DDR. Die Menschen laufen den Regierenden davon. Am Ende steht dann, nach mehr oder weniger langem Warten, eine Zugfahrt durch die DDR in den Westen. Hier kommt ein Sonderzug mit Botschaftsflüchtlingen aus Prag in Hof an.

Helmut Fricke
F.A.Z. vom 5. Oktober 1999

40. Geburtstag der DDR.
Honecker glaubt, dass ihm die Massen zujubeln. Gorbatschow jubeln sie wirklich zu.

Barbara Klemm
F.A.Z. vom 14. Oktober 1989

„Wer zu spät kommt…“, sagte Michail Gorbatschow während der Jubiläums-feierlichkeiten.

Barbara Klemm
F.A.Z. vom 14. Oktober 1989

Es geschieht in der „Hauptstadt der DDR“ am 4. November 1989. Die erste genehmigte Demonstration, die nicht „von oben“ angeordnet worden ist. Die Teilnehmer wollen endlich das durchsetzen, was die Verfassung des „Arbeiter- und Bauern-Staates“ schon lange verspricht.

Barbara Klemm
F.A.Z. vom 6. November 1989

Prominenz bei der Demonstration am 4. November. Am Mikrofon steht Jens Reich, Stefan Heym sitzt ihm zu Füßen.

Barbara Klemm
F.A.Z. vom 16. Dezember 1989

In der DDR musste man jahrelang warten, bis man „ihn“ endlich hatte. Im Westen wird der Trabi als Exot bestaunt, zumindest so lange, bis man „ihn“ gerochen hat. Gleich nach der Maueröffnung allerdings überstrahlt alles die Freude über die neuen Freiheiten im noch geteilten Land.

Wolfgang Haut
F.A.Z. vom 18. November 1989

Mit einem Mal ist
die Mauer zu einem Denkmal
vergangenen Wahnsinns
geworden. Die Menschen aus
dem Osten und Westen Berlins
feiern am 10. November
Wiedersehen und „erobern"
die Mauer. Der Zeitung
ist dieses wahrhaft historische
Ereignis ein Extrablatt wert.

Barbara Klemm
F.A.Z. vom 12. November 1989

Weg ist sie! Der Grenzsoldat am Potsdamer Platz weiß noch nicht recht, wie ihm geschieht. Die Leser der „Frankfurter Allgemeinen Zeitung" auch nicht, denn sie finden dieses Foto auf Seite 1 des Extrablattes.

Wolfgang Haut
F.A.Z. vom 12. November 1989

Begegnung an der
innerdeutschen Grenze
zwischen Obersuhl
und Untersuhl am
12. November 1989.

Mirko Krizanovic
F.A.Z. vom 5. September 1990

Über Deutschland
geht politisch die Sonne auf.
Über den Frankfurter
Flughafen legt sich zuweilen
eine undurchdringliche
Nebelschicht, die
selbst modernen Flugzeugen
Schwierigkeiten bereitet.

Mirko Krizanovic
F.A.Z. vom 9. Dezember 1989

Die Hoffnungen auf ein Ende des Terrors haben getrogen: das Auto, in dem Alfred Herrhausen ermordet wurde. Der Vorstandssprecher der Deutschen Bank repräsentierte für die RAF den verhassten „militärisch-industriellen Komplex“.

Lutz Kleinhans
F.A.Z. vom 1. Dezember 1989

Allmählich schlägt die Stimmung in der DDR um. Bei der Montagsdemonstration am 11. Dezember wird nicht mehr nur „Wir sind das Volk“ gerufen. „Ein Volk“ wollen nun viele sein. Demonstriert wird aber einstweilen noch gemeinsam.

Mirko Krizanovic
F.A.Z. vom 13. Dezember 1989

Das Symbol für
„Deutschland einig Vaterland“.
Geöffnet wird es
am 22. Dezember 1989.

Barbara Klemm
F.A.Z. vom 13. Januar 1990

Und es kam ein Bote
aus dem Westen, der den
Menschen verkündete,
er wolle alles tun, damit es
eines Tages wieder ein
vereinigtes Deutschland
geben werde. Die Dresdner
umjubelten Helmut Kohl.

Barbara Klemm
F.A.Z. vom 21. Dezember 1989

Bilder können lügen, auch wenn es weder Fotograf noch Redaktion zunächst merken. Als dieses Foto in der F.A.Z. erschien, trug es die Unterschrift „Die Folterkammer der Securitate in Temeschburg". Wie sich viel später herausstellte, war echt an der Geschichte nur die Leiche. Es handelte sich um eine „normale" Leichenhalle, kunstvoll mit Stacheldraht drapiert.

Gleichwohl machten Bilder dieser Art ungeheuren Eindruck und verdarben endgültig den Ruf des Ceausescu-Regimes. Derweil regierten ehemals treue Mitarbeiter des „Conducators" das angeblich neue Rumänien.

Mirko Krizanovic
F.A.Z. vom 27. Dezember 1989

Kämpfe um die Macht
in Rumänien

Mirko Krizanovic
F.A.Z. vom 6. Januar 1990

Der nächste Dominostein fällt: In der Tschechoslowakei hat das Volk auch seine Macht entdeckt und trägt sie auf die Straßen und Plätze.

Wolfgang Haut
F.A.Z. vom 2. Dezember 1989

Einst Verfolgte, jetzt Regierende. Die ehemaligen Dissidenten Václav Havel und Jiři Dienstbier symbolisieren den Wandel in Prag.

Barbara Klemm
F.A.Z. vom 10. Februar 1990

Letzte Chance, um den Frankfurter Messeturm aus dieser Perspektive abzulichten. Der Kran, der den Fotografen in einem Transportkorb emporträgt, wird unmittelbar danach abgebaut.

Lutz Kleinhans
F.A.Z. vom 12. Juli 1990

Nicht nur politisch instabil
war die innerdeutsche Grenze.
Ein ehemaliger Wachturm
ist in sich zusammengesunken.
Spaziergänger besichtigen
die Reste.

Barbara Klemm
F.A.Z. vom 29. November 1990

Es zeigt sich überall: Das Land wächst rasch zusammen. Die Schlagzeile verbreitet Zuversicht, die nunmehr nutzlosen Grenzanlagen der DDR in Wartha auch. Es ist der Tag der Wiedervereinigung.

Barbara Klemm
F.A.Z. vom 2./3. Oktober 1990

Auf dem Reichstag weht die deutsche Fahne. Und von nun an dürfen sich alle davon angesprochen fühlen. Zum 29. und bisher letzten Mal erschien ein Foto auf Seite 1 der Frankfurter Allgemeinen Zeitung.

Wolfgang Haut
F.A.Z. vom 4. Oktober 1990

Am Ziel. Die
Wiedervereinigung wird in
Berlin gefeiert.

Barbara Klemm
F.A.Z. vom 4. Oktober 1990

Wiedervereinigungsfeier in
Berlin. Auch „Fußvolk" ist dabei.

Barbara Klemm
F.A.Z. vom 4. Oktober 1990

Streit um den freien Sonntag kümmert die Maschinen nicht. Hier werden chemische Substanzen produziert, und chemische Prozesse kümmern sich nicht um Arbeitszeitregelungen. Und da die Anlagen auch nicht ohne Aufsicht bleiben dürfen, muss sich der Mensch unterordnen. Immerhin wird er noch gebraucht.

Barbara Klemm
F.A.Z. vom 6. Oktober 1990

Friedrich Dürrenmatt
denkt in seinem Arbeits-
zimmer darüber nach, was die
Welt Michail Gorbatschow
verdankt.

Barbara Klemm
F.A.Z. vom 12. Januar 1991

Körperkultur

Die DDR brauchte Sieger. Das Bild entstand an der „Deutschen Hochschule für Körperkultur".

Barbara Klemm
F.A.Z. vom 9. Februar 1991

War das nun das Ende der Geschichte? Der Eiserne Vorhang gefallen, die DDR untergegangen, Deutschland wieder vereinigt, das sowjetische Imperium aufgelöst, die kommunistische Ideologie verweht – war damit die politische Schwerathletik des zwanzigsten Jahrhunderts endlich vorbei, dieses mörderische Streben nach dem neuen Menschen, dem allgegenwärtigen Staat, der Ordnung der Massen, dem Ende der Klassen? Hatte sich die Sehnsucht nach Volksgemeinschaft, Wimpelseligkeit, Kantinenverpflegung und Aufmärschen endlich verflüchtigt?

In der Hochschule für Körperkultur in Leipzig hängt das Mädchen an den Ringen und weiß nicht rauf und nicht runter. Wahrscheinlich war es von Sportfunktionären, die immer auf der Suche nach Talenten waren, begutachtet und auserwählt worden, eine „Spitzensportlerin" zu werden, ein Turn-Wunderkind des Arbeiter-und-Bauern-Staates, Vorbild im sozialistischen Leistungswettbewerb. Vielleicht war aber auch schon entschieden, dass es aussortiert wird, weil es den Anforderungen nicht entsprach, weil die zu erwartende sportpolitische Rendite in seinem Fall die Investition nicht lohnte.

Das Mädchen wird herunterplumpsen, sich im Schaumstoffhaufen aufrappeln, auf eigenen Füßen stehen und seinen eigenen Weg gehen. Der Beginn des letzten Jahrzehnts des zwanzigsten Jahrhunderts war ein solcher Moment des Nicht-mehr-weitermachen-Wollens. Loslassen, aufhören, aus der Traum, aus der Wahn. Die ideologischen Ströme, die das zwanzigste Jahrhundert in Bewegung hielten, scheinen sich erschöpft zu haben. Die großen politischen Formationen sterben innerlich ab. Der Sieg von Demokratie und Marktwirtschaft auch im östlichen Teil Europas kam nicht mit Pauken und Trompeten daher. Ein Krampf löste sich. Das Mädchen wird die düstere Turnhalle verlassen und Reck und Ringe und Barren vergessen. Der Letzte macht das Licht aus, lautete ein DDR-Witz der Spätzeit.

Das neu erstandene Bundesland Sachsen schloss die Hochschule für Körperkultur, der Walter Ulbricht 1952 höchstselbst den Grundstein gelegt hatte. Er war einer jener fürchterlichen alten Männer mit dem bösen Hang zur Leibesertüchtigung, die dieses Jahrhundert gequält haben. Man erinnert sich an ihn, wie er, die Hosenträger über dem weißen Hemd, tanzbärhaft in der Mitte einer befohlenen Turnerschar „Freiübungen" macht und aufmunternde Reden hält. Auch beim Volleyballspielen wurde er beobachtet und gefilmt. „Jedermann an jedem Ort jede Woche einmal Sport" – vor solchen Parolen fürchtete sich sogar der Rest des Politbüros. Ulbricht hatte sich einmal mit der Forderung unbeliebt gemacht, Politkader müssten vom Dreimeterbrett oder von der Sprungschanze in Oberwiesenthal springen können. Er stammte aus Leipzig und hatte als Knabe im Arbeitersportverein „Eiche" trainiert. Geturnt, hätte man damals wohl gesagt.

„Frisch, frei, stark, treu" hieß der Leitspruch des 1893 gegründeten Arbeiterturnerbundes. Kurz vor dem Ersten Weltkrieg richtete die SPD eine „Zentralkommission für Arbeitersport und Körperpflege" ein. Auch auf diesem Feld stellte die deutsche Sozialdemokratie sich jetzt, da sie zur Massenbewegung wurde, auf den proletarischen Klassenstandpunkt und emanzipierte sich von der bürgerlichen Vereinsbewegung, in der ihre Wurzeln lagen. In der Arbeiterbewegung sollte Sport die Tugend der Solidarität fördern. Individuelle Leistungskonkurrenz war verpönt. Die Arbeitersportler traten zu gemeinsamer Gymnastik oder zum „Hammerschwingen" an, dem Inbegriff einer „Körperkultur der Massen", eines „bewussten solidarischen Spiels der Kräfte", der „Einordnung in einen kollektiven Takt". So ganz unschuldig ist das alles nicht, auch wenn die 1924 in Leipzig gegründete Bundesschule des „Arbeiter-Turn- und Sportbundes" sicher eine Stütze der Republik war.

„Sport und Politik gehören zusammen", wusste Lenin. Sport und totalitäre Politik gehören in besonderer Weise zusammen. Die Leipziger Hochschule für Körperkultur hatte den „Kampfauftrag Siegesleistung" im internationalen Klassenkampf. Der Pariastaat DDR musste bei internationalen Sportwettkämpfen, bei Olympischen Spielen und Weltmeisterschaften über die Bundesrepublik triumphieren. Die BRD besiegen – im Schwimmstadion, auf der Aschenbahn, an der Sprungschanze ging das. Es ging, weil man die Ideale der alten Arbeitersportbewegung über Bord warf und zur rücksichtslosen Ausbeutung des „Menschenmaterials" überging. Supergladiatoren sollten im Dienste des sozialistischen Staates Höchstleitungen vollbringen. Die Gründungsurkunde der Deutschen Hochschule für Körperkultur enthielt eine durchsichtige, eine verräterische Lüge. „Nicht um der Propaganda willen" widme die Führung von Partei und Staat dem Sport besondere Aufmerksamkeit.

Alle Körperkultur nützte nichts. Die DDR ist sang- und klanglos untergegangen. Es gibt zwar im Osten Deutschlands vielfältige Formen verbitterter oder auch ironischer DDR-Nostalgie. Beherrschend bleibt aber doch die frappierende Erfahrung, wie beiläufig ein Staat verschwinden kann, dessen Existenz für die Macht und Stabilität einer ganzen Weltordnung stand.

Nicht ganz beiläufig. Jahre nach der Wiedervereinigung lief an einem heißen Sommertag eine junge Frau in Heringsdorf am Strand entlang. In Heringsdorf und in den anderen Ostseebädern auf Usedom strahlten die Villen schon wieder in frischem Weiß. Ihre Türen hatten blinkende Messingklinken. Das Spielkasino war fast fertig. Nur vereinzelt noch störten graue sozialistische Zweckbauten das Bild. Die Frau ging langsam am schäumenden Wellensaum, aufrecht und stolz. Sie wirkte durchtrainiert, war hellblond und braun gebrannt. Eine Sportlerin wahrscheinlich. Die Frau war nackt. Sie war die einzige Nackte unter Tausenden von Badegästen. Irgendwann verschwand sie zwischen den Strandkörben. Da ging sie hin, die volksdemokratische Textilfreiheit an Ostseestränden, in einer anrührenden Szene ostdeutschen Eigensinns.

Mit handfesten und mit geistlichen Waffen kämpfen die Litauer um ihre Befreiung von sowjetischer Herrschaft.

Wolfgang Eilmes
F.A.Z. vom 18. Februar 1991

Raucherecke im
Friedrichstadtpalast Berlin

Barbara Klemm
F.A.Z. vom 1. Juni 1991

Das Hüten des Grundgesetzes ist allen Verfassungsorganen aufgegeben. Aber das Bundesverfassungsgericht in Karlsruhe wird mehr und mehr in die Tagespolitik einbezogen.

Barbara Klemm
F.A.Z. vom 1. Februar 1992

Die Bonner Diplomaten
nehmen Abschied
von Hans-Dietrich Genscher.
Der dienstälteste
Außenminister der Welt hat
seinen Rücktritt erklärt.

Wolfgang Eilmes
F.A.Z. vom 16. Mai 1992

UN-Truppen am
Flughafen Sarajevo, der zu
diesem Zeitpunkt seiner
eigentlichen Bestimmung nicht
gerecht werden kann.

Mirko Krizanovic
F.A.Z. vom 11. Juli 1992

Niemand will sie
haben, heißt es in der Zeitung.
Flüchtlinge aus Bosnien
auf der Suche nach einer
Zukunft. Auch Kroatien kann
längst nicht mehr alle
aufnehmen.

Mirko Krizanovic
F.A.Z. vom 20. Juli 1992

Mensch oder Maschine?
Der amerikanische Sänger
Prince auf Tournee.

Anna Meuer
F.A.Z. vom 5. Juni 1992

Peepshow beim Tennis. Ein Zuschauer nutzt ein Loch im Sichtschutz, um ohne Eintritt an den sportlichen Leistungen beim Federation Cup teilhaben zu können.

Helmut Fricke
F.A.Z. vom 17. Juli 1992

Auch in der Bundesstadt Bonn soll es noch einen Hauch von Größe geben: die Kunst- und Ausstellungshalle der Bundesrepublik Deutschland.

Wolfgang Eilmes
F.A.Z. vom 6. August 1992

Geschichtspflege in Wolgograd. In der Stadt, die einst Stalingrad hieß, paradieren Soldaten an der Erinnerungsstätte für die Opfer.

Helmut Fricke
F.A.Z. vom 22. August 1992

Somalische Flüchtlinge
irren im Grenzgebiet zwischen
Somalia und Kenia umher.
Zu Hause toben
derweil Kämpfe zwischen
verfeindeten Clans.

Tim Wegner
F.A.Z. vom 29. August 1992

Auf dem Platz hatte sich
Boris Becker allen Gegnern
überlegen gezeigt.
Vor den Kerzen auf seiner
Geburtstagstorte aber
muss der neue Weltmeister
kapitulieren.

Helmut Fricke
F.A.Z. vom 23. November 1992

Augenwischerei:
Plakatkleber in Frankfurt

David Ausserhofer
F.A.Z. vom 27. Januar 1993

Eigentlich schauen
alle auf den Laufsteg, wenn
Gianni Versace seine
Kollektionen vorführt. Aber
Madonna weiß sich
auch in Szene zu setzen.

Barbara Klemm
F.A.Z. vom 6. Februar 1993

Mädchenpower, spielerisch

Wonge Bergmann
F.A.Z. vom 14. März 1993

Frauenpower?
Besorgte Mienen nach
der Verkündung des Urteils
zum Paragraphen 218.

Wolfgang Eilmes
F.A.Z. vom 30. Mai 1993

Vollmond-Expedition:
ein Sportflugzeug über
dem Fluggelände Farrenberg
im Landkreis Tübingen.

Manfred Grohe
F.A.Z. vom 5. Juni 1993

Betrachter und Betrachtete
im Prado-Museum

Barbara Klemm
F.A.Z. vom 26. Juni 1993

Lustgarten
UMZÜGE

Bilder können lügen. Dieses zeigt aber nur eine Attrappe. Das Berliner Stadtschloss, 1950 gesprengt, ersteht zumindest für kurze Zeit als Fassade neu und verdeckt den „Palast der Republik“, den die DDR an die Stelle des Schlosses gestellt hatte.

Barbara Klemm
F.A.Z. vom 3. Juli 1993

Koblenz bekommt seinen alten Kaiser Wilhelm wieder. Das Reiterstandbild Wilhelms I., nach dem Krieg vom Deutschen Eck am Zusammenfluss von Mosel und Rhein entfernt, wird wieder aufgestellt. Einstweilen muss Majestät aber noch zwischen Containern auf den großen Auftritt warten.

Dieter Rüchel
F.A.Z. vom 18. August 1993

Krieg am Rande Europas. Georgier fliehen aus Abchasien.

Tim Wegner
F.A.Z. vom 22. Oktober 1993

Wohlgefällig schaut
die russische Bäuerin auf
das Schwein, das ihr
vielleicht helfen wird, den
nächsten Winter besser
zu überstehen. Eigentlich
müsste sie sich ja um die
anstehenden Wahlen
in Russland kümmern. Aber
die Sorgen der Politiker
und die der „einfachen
Menschen" sind oft nicht
identisch.

Barbara Klemm
F.A.Z. vom 11. Dezember 1993

Der Dichter Durs Grünbein
im Berliner Aquarium.
Sein neues Buch heißt „Falten
und Fallen".

Barbara Klemm
F.A.Z. vom 15. März 1994

Die Bildschirme werden im Zuge der technischen Entwicklung immer flacher. Über die Qualität der Texte behält der Mensch einstweilen noch die Macht.

David Ausserhofer
F.A.Z. vom 17. Mai 1994

Dienstleister üben sich in Schnelligkeit. In Frankfurt versuchen 30 Kellner beim „Internationalen Kellnerderby“ Champagner in Gläser zu füllen und anschließend möglichst den kompletten Inhalt derselben von Punkt A zu Punkt B zu tragen.

Wolfgang Eilmes
F.A.Z. vom 4. Juli 1994

So malerisch es auch aussieht, die Menschen in Havanna haben keinen Blick für den Sonnenuntergang. Allenfalls blicken sie besorgt gen Himmel. Schlechtes Wetter könnte nämlich ihre Flucht über das Meer in die Vereinigten Staaten verhindern.

Marcus Kaufhold
F.A.Z. vom 8. September 1994

In Ruanda werden Tausende ermordet. Die Welt ist über den Völkermord entsetzt, sieht aber zu.

Tim Wegner
F.A.Z. vom 28. Juni 1994

Fernsehkameras filmen
die Leere. An diesem Platz in
der Frankfurter Schirn
hing ein Gemälde von Turner,
das gestohlen wurde.

Lutz Kleinhans
F.A.Z. vom 31. Dezember 1994

Nicht die „Gartenlaube", sondern „Mein Jahr in der Niemandsbucht" heißt das neue Werk: Peter Handke.

Barbara Klemm
F.A.Z. vom 12. November 1994

In Südafrika bricht eine neue Zeit an. Nelson Mandela übernimmt die Regierungsgeschäfte.

Tim Wegner
F.A.Z. vom 31. Dezember 1994

Probleme mit dem Nachwuchs kennen die Karnevalisten offenbar nicht. 1500 Gardisten sind nach Offenbach gekommen, um ihre Uniformen auf dem Gardetag zu präsentieren.

Frank Röth
F.A.Z. vom 16. Januar 1995

Maestro Karl Lagerfeld erhält Applaus von „Braut"-Model Claudia Schiffer.

Helmut Fricke
F.A.Z. vom 27. Januar 1995

Wo Beschaulichkeit
vom Schicksal erzwungen
wird: Armenviertel in
der amerikanischen Stadt
Atlanta.

Wolfgang Eilmes
F.A.Z. vom 2. Februar 1995

Ernst Jünger beim
Treffen der Träger des
Maximilians-Ordens
am 9. Dezember 1994. Neben
diesem Orden trägt er den
„Pour le mérite", der ihm
vom letzten deutschen Kaiser
verliehen worden war.

Stefan Moses
F.A.Z. vom 18. Februar 1995

Bei den Trümmern der Todesfabrik: Jüdische Gedenkfeier fünfzig Jahre nach der Befreiung des Konzentrationslagers Auschwitz-Birkenau

Barbara Klemm
F.A.Z. vom 30. Januar 1995

Der Kanzler beim Regieren

Barbara Klemm
F.A.Z. vom 1. April 1995

50. Jahrestag
des Kriegsendes. Freund
Mitterrand hält den
Deutschen eine Rede.
Der Kanzler dankt.

Helmut Fricke
F.A.Z. vom 10. Mai 1995

Frau mit Hund vor Hülle.
Christos Reichstags-Werk.

Barbara Klemm
F.A.Z. vom 28. Juni 1995

Was macht der Mann
mit der Sonnenbrille eigentlich
genau? Auch die Fotografin
löst das Rätsel nicht.
Sie nennt ihr Bild schlicht
„Prag – Tschechien 1994“.

Barbara Klemm
F.A.Z. vom 23. September 1995

John Galliano liebt es prächtig und dramatisch. Das Model ist Nadja Auermann.

Helmut Fricke
F.A.Z. vom 18. Oktober 1995

Der Terrier

Die Dekoration erinnert noch an die alten Zeiten im Osten Berlins. Auch in der DDR standen im Wahlraum Kabinen bereit. Aber erst nach der Wende werden sie benutzt.

Ines Baier
F.A.Z. vom 24. Oktober 1995

Über den Hund lässt sich manches sagen. Obwohl er schon lange keine Trimmschere mehr gesehen hat, ist eine Rassebestimmung möglich. Es handelt sich wohl um einen Welsh Terrier – oder um einen besonders klein geratenen Airedale Terrier, doch das erscheint eher unwahrscheinlich. Kynologen behaupten, die schwarzbraunen Terrier aus Wales seien eine der ältesten Terrierrassen überhaupt. Terrieradel, könnte man sagen, wenn es nicht unangemessen wäre, bei Terriern von Adel zu sprechen. Sie sind nach Aussehen und Gemütsart eher derb-proletarisch und waren auf den Britischen Inseln, wo die Ursprünge aller Terrier liegen, das, was auf dem Kontinent die Pinscher, Schnauzer und sonstigen Rattenbeißer waren: Hunde der kleinen Leute, eines noch ländlichen Proletariats.

Nach Deutschland kam der Welsh Terrier in den dreißiger Jahren. Er galt als schwarzbrauner Vetter des weithin beliebten Foxterriers, den alle Welt kannte, weil er am Grammophontrichter der Stimme seines Herrn lauschte, oder als Miniaturausgabe des Airdale Terriers, der damals als Polizei- und Kriegshund in ebenso hohem Ansehen stand wie der Deutsche Schäferhund. Der Welsh Terrier machte weder in der Schallplattenindustrie noch im Staatsdienst Karriere. Er führte und führt ein eher unauffälliges Dasein.

Entspricht er dem Rassestandard, ist er „von fröhlicher, beschwingter Gemütsart und nur in seltenen Fällen scheu. Er ist anhänglich, gehorsam und leicht unter Kontrolle zu halten, also außerordentlich geeignet für das Leben in der Stadt. Seine Größe und Farbe machen ihn zu einem idealen Haushund – er braucht nicht viel Platz, und er muss nicht so häufig gebadet werden wie etwa ein weißer Terrier."

Die deutsche Teilung hat beim Welsh Terrier keine Spuren hinterlassen. West-Terrier und Ost-Terrier unterscheiden sich nicht. Der Zusammenschluss der Zuchtverbände vollzog sich unspektakulär noch vor der Vollendung der staatlichen Einheit, jedoch nach ihrem Muster. Die Züchter aus der DDR traten der westdeutschen Organisation bei. „Bevormundung und schikanöse Kontrolle müssen der Vergangenheit angehören", hieß es in einer Erklärung des „Klubs für Terrier". Ist der Hund im Wahllokal schon eine Frucht der neuen Freiheit? Haben sich die westliche und die östliche Terrierpopulation überhaupt schon vermischt?

In einem Wahllokal fühlt sich ein Hund auch der beschwingtesten Gemütsart unbehaglich. Anhänglich und gehorsam folgt er auch dorthin, zumal die Leine ihm keine andere Wahl lässt. Auf dem glatten Boden aber rutschen ihm die Vorderbeine weg. So ruhig er jetzt dasitzt, so ungestüm wird er zur Tür drängen, wenn es wieder hinausgeht. Was sonst in ihm vorgeht, man weiß es nicht.

Der Urakt der Demokratie vollzieht sich im Verborgenen. Die Wahlkabinen zu benutzen war in der untergehenden DDR ein Ausdruck des Protests gegen die Obrigkeit gewesen. Im wieder vereinigten Berlin des Jahres 1995 ist das Normalität.

Zum zweiten Mal seit der Wiedervereinigung fanden in der Hauptstadt, die damals noch weit davon entfernt war, Sitz von Regierung und Parlament zu sein, Wahlen zum Abgeordnetenhaus statt. Die PDS feierte einen großen Sieg: 35 Prozent im ehemaligen Ostteil Berlins, mehr als vierzig Prozent im Bezirk Mitte, wo die ehemals Privilegierten wohnen, 14 Prozent insgesamt. „Im Osten geht die Sonne auf", frohlockten die Erben der einst allmächtigen Sozialistischen Einheitspartei.

Man will der Wählerin – um eine solche handelt es sich, darauf deuten nicht nur die Schuhe, sondern auch die eng zusammengehaltenen Knie hin, ein Mann säße breitbeinig in der Wahlkabine – nichts unterstellen. Nur sie weiß, wem sie ihre Stimme gegeben hat. Man wäre aber nicht überrascht, wenn man erführe, dass sie die PDS gewählt hat, die ihr Vorsitzender Bisky damals als politischen Ausdruck einer nachträglich entstandenen DDR-Identität verstand. Die Menschen in Ostdeutschland, sagte Bisky, fühlten sich immer stärker verbunden in einer Kultur-, Erfahrungs- und Erzählgemeinschaft.

Sollte die Wählerin dieser Gemeinschaft angehört haben, sie muss sich in dem Wahllokal mit dem blanken Linoleumboden, der Blumentapete, dem Alten Meister an der Wand und der dort etwas fremd wirkenden Stereoanlage gefühlt haben wie in einer heimeligen Höhle. In diesem Raum müssen seit 1989 die Fenster zu gewesen sein. Man wüsste gerne, wie sie zu ihrem Hund gekommen ist. Man wartet darauf, dass sie aufsteht, hinter der Wahlkabine hervorkommt, ihr Gesicht zeigt. Sofort ließen sich plausible Geschichten über diese Frau und ihren Hund erfinden. Ein Hund und ein Mensch erzählen immer eine Geschichte. Eine Wählerin aber umgibt das Wahlgeheimnis. Und ein Hund im Wahllokal wird zum Anhängsel.

Die Momentaufnahme macht die Szene im Berliner Wahllokal zum Stillleben. Geschichten, die das Bild erzählen könnte, versiegen schnell. Es bleibt die formale Komposition. Der Blick auf die Hauptfigur, die Wählerin, ist verstellt. Im Bildzentrum ist ein großes, helles, viereckiges Nichts. Man sieht nur Beine: Hosenbeine, Hundebeine, Tischbeine.

An der glatten Wand der Wahlkabine gleitet der Blick ab und fällt auf die vorwitzige Nebenfigur, den Hund, der den Fotografen entdeckt hat. Sein Gesicht ist nur das Schema eines Hundegesichts. Augen und Schnauze sind drei schwarze Punkte. Der Lautsprecher über ihm wiederholt dieses Schema in geometrisch reinen Formen. Sichtbare Fäden, die Leine und ein Elektrokabel, verbinden Hund und Lautsprecher mit der verborgenen Hauptfigur. Rechts vom leeren Zentrum, ein wenig erhöht, ein absurder Hausaltar aus Stereoklotz und Plastikblumen. Es ist eine rätselhafte Installation, die der Zufall hier geschaffen hat. Je länger man hinschaut, desto seltsamer wirkt das Bild.

Applaus für den Verlierer. Rudolf Scharping ist nicht mehr SPD-Vorsitzender. Beim Parteitag in Mannheim gelingt Oskar Lafontaine das, was viele später „Putsch" nennen.

Barbara Klemm
F.A.Z. vom 17. November 1995

Manfre
Stolpe

Bricht jetzt für Sarajevo
eine neue Zeit an? Kurz nach
dem Abschluss des Dayton-
Friedensabkommens stellt der
Berichterstatter die noch
von Skepsis geprägte Frage.

Marcus Kaufhold
F.A.Z. vom 23. Dezember 1995

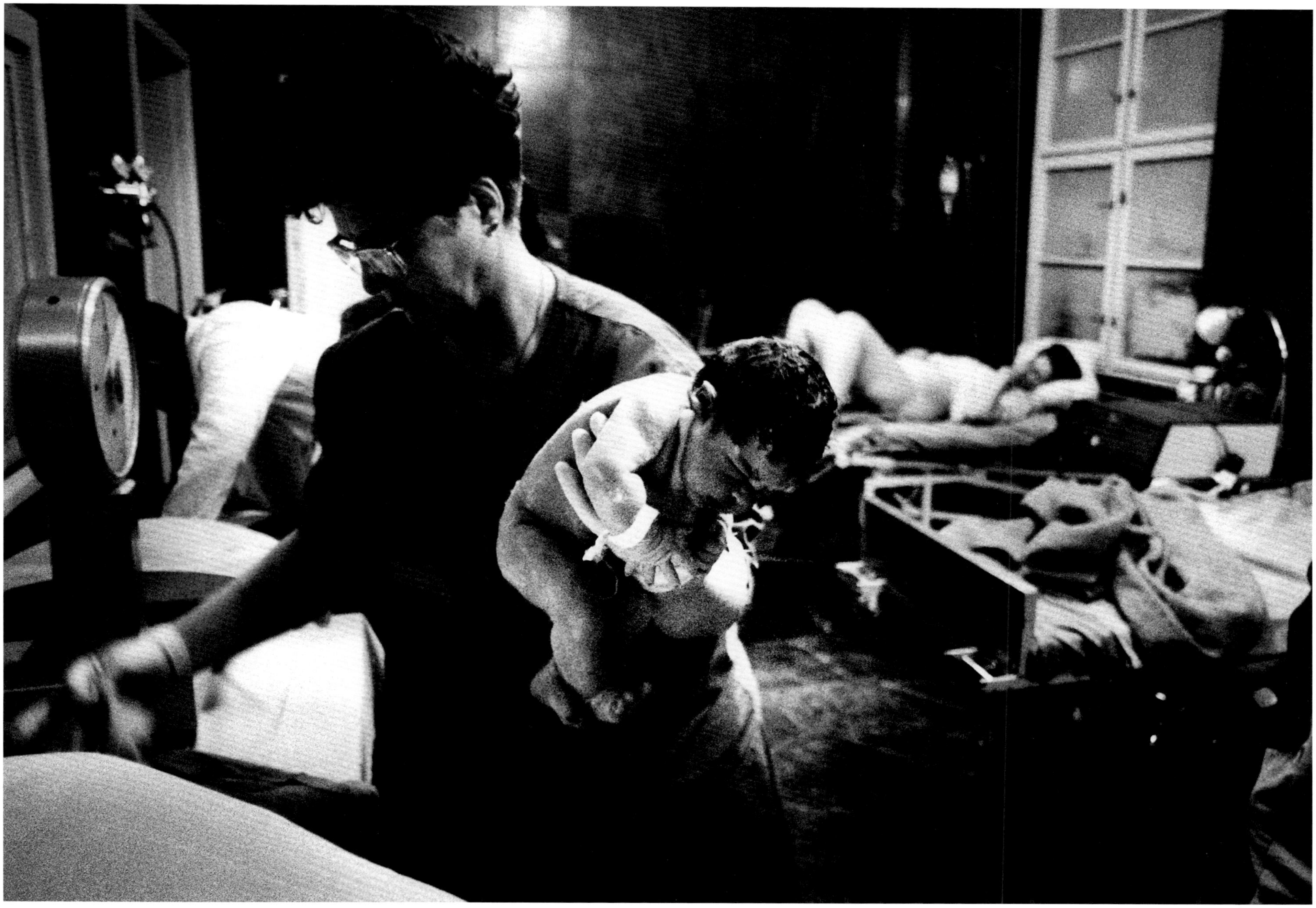

Hoffnung für Sarajevo

Marcus Kaufhold
F.A.Z. vom 28. Dezember 1995

Trauersache Geheimes
Deutschland: die Beerdigung
Heiner Müllers.

Barbara Klemm
F.A.Z. vom 18. Januar 1996

Balzritual oder „nur“
Begrüßung am Nest? Bei
Schwarzbrauenalbatrossen
sieht man es nicht auf
den ersten Blick.

Carl-Albrecht von Treuenfels
F.A.Z. vom 12. März 1996

Der Prozess um die Ermordung zweier Kinder wird abermals geführt. Die Angeklagte heißt mittlerweile nicht mehr Weimar, sondern Böttcher.

Helmut Fricke
F.A.Z. vom 7. Juni 1996

Wahlkampf in Russland.
Die Straße gehört weitgehend den Kommunisten. Aber nur wenige Demonstranten wollen wirklich den alten Stalin wiederhaben.

Frank Röth
F.A.Z. vom 3. Juli 1996

Nach der Frühschicht:
Kumpel der Bergkamener
Zeche Monopol.

Wolfgang Eilmes
F.A.Z. vom 2. März 1996

Zechensiedlung in Bottrop:
Die Zeitung widmet sich
in einer ausführlichen Serie
dem Ruhrgebiet.

Frank Röth
F.A.Z. vom 4. September 1996

Zwei Jahre nach dem Völkermord ziehen viele Flüchtlinge zurück nach Ruanda. Wer will, kann in dem Blick des Kindes Hoffnung auf eine bessere Zukunft erkennen.

Marcus Kaufhold
F.A.Z. vom 19. November 1996

Das buddhistische Kloster in Tabo zwischen Indien und Tibet. Es besteht seit tausend Jahren.

Marcus Kaufhold
F.A.Z. vom 15. August 1996

Das neue, wieder vereinigte Deutschland baut in seiner alten Hauptstadt neue Gebäude in die Nachbarschaft der altvertrauten Bauten.

Wolfgang Eilmes
F.A.Z. vom 18. Dezember 1996

Die Hoffnung der Europäer auf bessere Wettbewerbsfähigkeit im Satellitengeschäft, die Rakete „Ariane-5", vergeht bei ihrem ersten Start zu Staub.

Günter Paul
F.A.Z. Jahreschronik 1996

Die Bevölkerung
Hongkongs in Erwartung der
Übergabe der Kronkolonie an
die Volksrepublik China.
Nach ihrer Meinung wurden
die Menschen nie gefragt.

Dieter Rüchel
F.A.Z. vom 11. Januar 1997

Noch präsentiert sich
der Darmstädter Hauptbahnhof in alter „Schönheit“. Doch auch nach dem Umbau wird es nicht viel bequemer zugehen. Rolltreppen und ähnlicher Luxus sind nicht geplant.

Frank Röth
F.A.Z. vom 16. Januar 1997

Häppchenweise zum
Aufschwung: Neujahrsempfang
der Industrie- und Handelskammer Frankfurt.

Frank Röth
F.A.Z. vom 16. Januar 1997

Rad fahren für Europa.
Tony Blair fährt den Staats- und Regierungschefs der Europäischen Union beim Gipfeltreffen in Amsterdam voran. Anschließend schwören alle haushaltspolitische Disziplin.

Helmut Fricke
F.A.Z. vom 18. Juni 1997

Vernetzung ohne Anfang
und Ende bei der documenta
in Kassel. Peter Kogler,
der Künstler, steht im Werk.

Barbara Klemm
F.A.Z. vom 26. Juni 1997

Nordirland: An Gewalt gewöhnt, lassen sich die Kinder gleichwohl das Spiel nicht verderben.

Wolfgang Eilmes
F.A.Z. vom 28. Juni 1997

UMBRO

Den Ruhm erntet der „Pilot“ Michael Schumacher. Aber ohne die zahlreichen helfenden Hände könnte er mit seinem Ferrari nicht so schnell im Kreis fahren.

Barbara Klemm
F.A.Z. vom 22. Juli 1997

Gut geschützt, aber
trotzdem in Angst vor der
großen Oderflut:
Altreetz im Oderbruch.

Marcus Kaufhold
F.A.Z. vom 31. Juli 1997

Massenkultur: Berliner
Love Parade am 12. Juli

Ines Baier
F.A.Z. Jahreschronik 1997

„Abreißen!" würde
mancher Besucher aus dem
Westen gerne rufen, wenn
er die modernen Behausungen
sieht, die Peking nunmehr
zieren.

Matthias Lüdecke
F.A.Z. vom 18. Oktober 1997

Vorsicht Fußgänger!
Beim Frankfurt-Marathon begegnen die Generationen einander auf sportliche Art.

Marcus Kaufhold
F.A.Z. vom 27. Oktober 1997

Ausverkauf in Schloss Duino,
Rainer Maria Rilkes Hort.

Frank Röth
F.A.Z. vom 15. November 1997

Wohngebiet in Zittau
an der deutsch-polnischen
Grenze. Das Kraftwerk
im Hintergrund, das die Bewohner mit Ruß eindeckt,
steht schon im Nachbarland.

Matthias Lüdecke
F.A.Z. vom 24. Dezember 1997

Es muss nicht immer
Gold sein. Auch Silber glänzt;
Besteckherstellung
in Geislingen.

Frank Röth
F.A.Z. vom 2. März 1998

Schröder

Der erste Schritt
zur Eroberung der Macht
in Bonn ist getan.
Gerhard Schröder nach
der gewonnenen Landtagswahl
in Niedersachsen.

Barbara Klemm
F.A.Z. vom 8. März 1998

Am 1. März 1998 wählten die Niedersachsen einen neuen Landtag. Das allein kann nicht der Grund dafür gewesen sein, dass Tausende von Journalisten an diesem spätwinterlichen Sonntag aus der Landeshauptstadt Hannover berichteten. Die niedersächsischen Wähler hatten eine Wahl von nationaler, ja von weltpolitischer Bedeutung zu treffen: In ihrer Hand lag die Entscheidung über den Kanzlerkandidaten der SPD, die Entscheidung also darüber, ob ihr Ministerpräsident Schröder oder der Parteivorsitzende Lafontaine am 27. September gegen den Einheits- und Dauerkanzler Kohl antreten soll. Indem sie Schröder zu einer absoluten Mehrheit der Mandate in Hannover verhalfen, schickten sie ihn auf die Bühne der großen Politik. Die SPD und ihr Vorsitzender hatten sich dem zu fügen. Die Sache war nicht mehr in das Innere der Parteigremien und des Funktionärsapparats zurückzuholen. Deshalb war der Ministerpräsident schon am Wahlabend Kanzlerkandidat.

Schröder hat einiges durcheinander gebracht. Nicht nur das heilige Ritual der „Bonner Runde" im Fernsehen. Sie ist an Wahlabenden die Stunde der obersten Parteifunktionäre. Am Sonntag, dem 1. März 1998, wurde sie wegen eines Interviews mit dem Wahlsieger Schröder unterbrochen. Hintze, Protzner und Westerwelle, die Generalsekretäre von CDU, CSU und FDP, verließen daraufhin das Studio. Die Vertreter von SPD, Grünen und PDS blieben etwas verlegen allein mit dem Moderator. Auch ihnen hatte Schröder die Schau gestohlen.

Die kleine Szene zeigte, was der niedersächsische Wahlsieg Schröders für die deutsche Politik bedeutete. Er war eine Art plebiszitärer Triumph über die Macht- und Entscheidungsansprüche der Parteiapparate. Die hätten, wie es ihrer Natur entspricht, den Bundestagswahlkampf gerne als eine große Schlacht der politischen Lager geführt. Schröder hat diesen Plan durchkreuzt. Er erfand die „neue Mitte", einen politischen Ort jenseits der alten Kampflinien, und markierte diesen Ort mit einem einzigen Begriff: Schröder.

Am 1. März war die Bundestagswahl vom 27. September eigentlich schon entschieden. Der politische Stimmungsgenerator Kohl versagte in dem Moment, als ihm sein Wunschgegner abhanden kam. Kohl gegen Lafontaine, das wäre noch einmal eine historische Schlacht um Historisches gewesen, noch einmal ein Aufmarsch der alten Bataillone, noch einmal ein Kampf politischer Panzerreiter. Gegen Schröder aber, der nicht zu stellen war und sich auf nichts festlegen ließ, war Kohl machtlos. Er stand unter Dampf und wusste nicht, wohin. Als er dann geschlagen war, zeigte er sich heiter und gelöst. Die Wähler hatten ihn von einer Last befreit, vor allem von der Last, selbst ein würdiges, die eigene Partei nicht zerreißendes Ende der Ära Kohl inszenieren zu müssen. Zum ersten Mal in der Geschichte der Bundesrepublik hatte der Souverän direkt einen Regierungswechsel herbeigeführt. Wie im Falle der sozialdemokratischen Kanzlerkandidatur hatte er bei der Bundestagswahl die um Bündnisperspektiven und Personalfragen kreisenden Parteigedanken einfach abgeschnitten. Er schickte die alten Regierungsparteien in die Opposition und die alten Oppositionsparteien (minus PDS) in die Regierung.

Eine klare Sache. Nicht nur der alte Kanzler war heiter. Die Deutschen freuten sich ihrer demokratischen Reife.

Als ganz so klar erwies sich die Sache dann allerdings doch nicht. Rot-Grün, die neue Regierungskoalition, war nämlich in des Kanzlers neuer Mitte noch nicht angekommen. Erst einmal wurden nach altem Muster Wohltaten verteilt, politisch wohlfeile, aber teure Wahlversprechen erfüllt. Zunächst einmal war auch keineswegs klar, wer denn die Richtlinien der Politik bestimmt: der Kanzler, wie es in der Verfassung steht, oder sein Finanzminister Lafontaine, der die neue Mitte als bloße Wahlkampfmasche gerne schnell der Vergessenheit anheim gegeben hätte und es noch einmal mit den alten Rezepten der Linken versuchen wollte. Und der grüne Umweltminister Trittin glaubte, in der Atompolitik mit dem Kopf durch die europäische Wand gehen zu müssen. Die Wähler erschraken über das, was sie angerichtet hatten. Bei der nächsten Gelegenheit, es waren die hessischen Landtagswahlen, brachten sie das zum Ausdruck.

Den Kanzler focht das alles nicht an. Jedenfalls ließ er sich nichts anmerken. Er erfand sich sogar einen Grund zu klammheimlicher Freude: Je größer das Chaos, desto größer seine Chance, die Interpretationshoheit über den Koalitionsvertrag zu gewinnen. Das Gründungsdokument des „rot-grünen Projekts", der Bauplan einer ehrgeizigen Reformpolitik, ist eben auch nur ein Stück Papier, so dachte der Kanzler.

Halsbrecherisch kam manchem dieses Kalkül vor. Es brach sich allerdings nicht Schröder den Hals. Karikaturisten und Leitartikler mussten am 11. März 1999 ein ganzes Motiv-Arsenal einmotten: Lafontaine als Strippenzieher; Lafontaine als Puppenspieler, an dessen Fäden Schröder tanzt; Lafontaine als mächtiger Parteigeist, der sich drohend über den armen Schröder erhebt; der Napoleon von der Saar, der keinen anderen Feldherrn neben sich duldet. Am 11. März verschwand Lafontaine mit einem Schlag aus der Politik. Er legte den Parteivorsitz, sein Ministeramt und sein Abgeordnetenmandat nieder. Schriftsteller und Bauer wollte er von nun an sein. Und Schröder, der Medienkanzler, wurde jetzt auch noch Parteivorsitzender. Es gab in der alten Traditionspartei keinen Aufstand, nur ein leises Aufbegehren, viel Ratlosigkeit und stilles Sichfügen. Die Quellen sozialdemokratischer Selbstgewissheit scheinen fast versiegt.

Politik als Lebenshilfe, Sinn- oder Identitätsstiftung hat Schröder nicht im Angebot, nicht als Parteiführer und auch nicht als Kanzler. Mit Schröder hat der Gestaltwandel der Politik Gestalt angenommen. Er nennt zwar Vorbilder, vor allem Helmut Schmidt, mit dem ihn tatsächlich ein antiideologischer Pragmatismus verbinden mag; aber dass Schröder nach seiner Kanzlerschaft bis zum Lebensende als „Altkanzler" im Gefühlshaushalt der Nation eine Rolle spielen könnte, das kann man sich nur schwer vorstellen. Und von seinen denkbaren Nachfolgern auch nicht. Das Politische schrumpft, und mit ihm schrumpfen auch die politischen Akteure. Das spricht nicht gegen sie. Wie war das unter Schröder? Deutschland führte Krieg und fuhr anschließend in den Urlaub.

Noch ist er der Kanzler. Aber irgendetwas verdrießt Helmut Kohl beim Hauptgottesdienst des Deutschen Katholikentages in Mainz.

Cornelia Sick
F.A.Z. vom 14. Juni 1998

Reste des Dorfes Prekaze
in der Region Drenica. Die Welt
lernt Ortschaften im Kosovo
kennen. Dort kommt es immer
wieder zu Kämpfen zwischen
serbischen Einheiten
und der kosovo-albanischen
Befreiungsarmee UCK.

Wolfgang Eilmes
F.A.Z. vom 30. April 1998

Auf der Insel Büyükada
im Marmarameer bei Istanbul
dürfen Autos nicht fahren.
Pferde hingegen haben alle
Freiheiten.

Frank Röth
F.A.Z. vom 7. Mai 1998

Studenten feiern
auf dem Dach
des Parlamentsgebäudes
in der indonesischen
Hauptstadt Jakarta den
Rücktritt des Präsidenten
Suharto.

Tim Wegner
F.A.Z. vom 26. Mai 1998

Eintracht Frankfurt ist
nach zwei Jahren wieder in die
Bundesliga aufgestiegen.
Mancher Fan will zur Feier des
Tages auch hoch hinaus.

Torsten Silz
F.A.Z. vom 27. Mai 1998

Bundespräsident Herzog
zu Besuch in der Wörlitzer
Gartenlandschaft.

Matthias Lüdecke
F.A.Z. vom 23. Juli 1998

Uli Stielike und
Erich Ribbeck steigen nach
einigen Verwirrungen
beim Deutschen Fußball-Bund
als „Chefs“ für die
Nationalmannschaft ein.
Berti Vogts hatte kurz zuvor
das Amt des Bundestrainers
aufgegeben.

Wonge Bergmann
F.A.Z. vom 11. September 1998

Helmut Kohl verlässt die Bühne.

Barbara Klemm
F.A.Z. vom 28. September 1998

Nicht nur Politiker lassen in diesen Tagen die Köpfe hängen.

Wonge Bergmann
F.A.Z. vom 3. August 1998

Die Mitglieder des Kabinetts
Kohl erhalten in der
Villa Hammerschmidt ihre
Entlassungsurkunden.

Frank Röth
F.A.Z. vom 1. November 1998

Der Neue frönt dem Hobby
aller Außenminister.

Frank Röth
F.A.Z. vom 30. Oktober 1998

Ob wohl noch jemand
zusteigt? Der Schriftsteller
Orhan Pamuk

Wonge Bergmann
F.A.Z. vom 3. November 1998

Den Ernst der Lage verbergen sie tapfer hinter einem Lächeln. Nato-Generalsekretär Solana und Bundeskanzler Schröder haben über die Situation im Kosovo gesprochen.

Wonge Bergmann
F.A.Z. vom 2. Februar 1999

Ausstieg: Oskar Lafontaine
verlässt die Politik.

Barbara Klemm
F.A.Z. vom 13. März 1999

Der Witterung beinahe schutzlos ausgeliefert sind diese Vertriebenen aus dem Kosovo. Sie haben sich in den albanischen Ort Kukes geflüchtet. Derweil versucht die Nato, ihnen durch Luftangriffe ihre Rückkehr in die Heimat zu ermöglichen.

Wolfgang Eilmes
F.A.Z. vom 7. April 1999

adidas

Am Ziel: Johannes Rau ist zum Bundespräsidenten gewählt worden.

Barbara Klemm
F.A.Z. vom 30. Mai 1999

Nostalgie: Er läuft
auch nach 50 Jahren
Bundesrepublik immer noch,
ins Museum.

Rainer Wohlfahrt
F.A.Z. vom 27. Juni 1999

Manchmal wurde es einsam um ihn, der sich gern deutlich zu vielen strittigen Themen äußert: Martin Walser.

Frank Röth
F.A.Z. vom 3. Juli 1999

Die letzte Sonnenfinsternis
dieses Jahrtausends:
Der Mond schiebt sich vor die
Sonne und verwandelt sie
scheinbar in eine Mondsichel.

Torsten Silz
F.A.Z. vom 12. August 1999

Der Schöpfer der Bilder
gerät selbst ins Bild.
Der Clown David spielt
den Fotografen – mit der
Kamera von Haut.

Wolfgang Haut
F.A.Z. vom 1. Dezember 1984

Die Autoren

David Ausserhofer, geboren 1968 in Bonn. Nach dem Abitur 1987 Zivildienst bis 1989. Anschließend arbeitete er freiberuflich als Fotograf, seit September 1991 für die Frankfurter Allgemeine Zeitung. Geht 1993 nach Berlin und schickt Fotos von dort und aus den neuen Ländern, auch für „Die Zeit“ und „Newsweek“.

Ines Baier, geboren 1963 in Frankfurt am Main. Ein Studium der visuellen Kommunikation schloss sie 1990 mit dem Diplom ab. Seit 1991 als Fotografin für die Frankfurter Allgemeine Zeitung tätig.

Wonge Bergmann, geboren 1957 in Hamburg. Nach dem Abitur arbeitete er als Assistent bei verschiedenen Mode- und Porträtfotografen. Das Studium an der Fachhochschule Hamburg im Fachbereich Gestaltung schloss er 1991 mit dem Diplom als Kommunikationsdesigner mit Schwerpunkt Fotografie ab. Während des Studiums machte er sich verdient als Grafiker für den NDR und als Computergrafiker bei SAT 1, arbeitet seit 1991 als Fotograf für die Frankfurter Allgemeine Zeitung.

Klaus Brandstetter, geboren 1950 im badischen Renchen. 1968 Abitur. Er studierte zuerst Chemie, dann Informatik bis zum Wirtschaftsingenieur. Von 1978 an beschäftigt er sich beim Gruner+Jahr-Verlag mit der Einführung der elektronischen Datenverarbeitung für die Bilddokumentation des „Stern“. Ab 1984 dort zuständig für Buchprojekte und Ausbildungsprogramme. Seit 1990 selbständiger Berater für Verlagsarchive. 1991 wechselt er zur Frankfurter Allgemeinen Zeitung und leitet die Bilddokumentation.

Peter Breul, geboren 1954 in Oberhausen. Studium der visuellen Kommunikation bei Professor Willy Fleckhaus. Anschließend arbeitete er beim Burda-Verlag in Offenburg, wo er für die Gestaltung und Entwicklung von Zeitschriften zuständig war. Danach freiberufliche Tätigkeit als Gestalter von Büchern und Zeitschriften, bis er 1986 seine Arbeit als Grafiker im F.A.Z.-Magazin aufnahm. Seit 1994 verantwortlich für die Gestaltung des Magazins, dessen Art Director er bis 1999 war.

Chargesheimer, eigentlich Carl-Heinz Hargesheimer, geboren 1924 in Köln. Nach mittlerer Reife und höherer Handelsschule 1942 vier Semester an den Kölner Werkkunstschulen. 1944 zweijähriger Besuch der Bayerischen Staatslehranstalt für Lichtbildwesen in München, danach Bühnenfotograf. 1950 bis 1955 Dozent für Fotografik an der Düsseldorfer Bi-Kla-Schule. Bekannt geworden zunächst als Maler und Lichtgrafiker, später auch als Bühnenbildner, Opernregisseur und Herausgeber zahlreicher Bildbände, der bekannteste „Cologne Intime“. Zahlreiche Ausstellungen und Ausstellungsbeteiligungen, 1968 Kulturpreis der Deutschen Gesellschaft für Photographie. 1972 in Köln gestorben.

Dabrowski, Renate Dabrowski, geboren 1937 in Duisburg, und Tadeusz Dabrowski, geboren 1927 in Borowa-Wola (Polen). Das Ehepaar entschloss sich 1962, als Pressefotografen in Frankfurt am Main zu arbeiten. Sie belieferten täglich verschiedene Frankfurter Zeitungen und Presseagenturen, darunter auch regelmäßig die Frankfurter Allgemeine Zeitung.

Wolfgang Eilmes, geboren 1955 in Berlin-Neukölln. Nach der Ausbildung an der Berufsfachschule für Fotografie legte er 1975 in Berlin die Gesellenprüfung ab. Nach einer Fotoassistenz entschied er sich für die Pressefotografie. Nachdem er mehrere Jahre für Magazine und Zeitungen gearbeitet hatte, ging er im Mai 1980 als Bildjournalist in die Bildzentrale der Deutschen Presse-Agentur nach Frankfurt am Main. Seitdem bestimmen Sport und Politik die Themen seiner Bilder. Seit Oktober 1990 Redaktionsfotograf der Frankfurter Allgemeinen Zeitung.

Günter Englert, geboren in Frankfurt am Main 1929, mit fünfzehn als Kurier im Krieg. In den Fußstapfen des Vaters, der Redakteur und engagierter Fotoamateur war, eignet er sich, unterstützt auch vom Onkel, einem Drogisten, das fotografische Handwerkszeug an. Seit 1949 beliefert er als Pressefotograf Frankfurter Tageszeitungen, bis er sich von 1952 bis 1972 auf Theaterfotografie spezialisiert. Bei der Frankfurter Allgemeinen Zeitung Mann der ersten Stunde. Sein umfangreiches Bildmaterial aus den Anfängen der F.A.Z. in den fünfziger Jahren, vor allem im Lokalteil, fiel einem Brand zum Opfer.

Fritz Eschen, geboren 1900 in Berlin. Nach einer kaufmännischen Ausbildung arbeitete er als Bildreporter von 1928 an für Defot, Neofot-Fotag und Associated Press. Ende 1933 erhielt er Berufsverbot. Eschen bekam weiter Aufträge von amerikanischen Presseagenturen. Die Erlaubnis, Juden in Fotografie zu unterrichten, die sich auf die Emigration vorbereiten, erhielt er 1938. Von 1940 bis 1941 dozierte er bei der Jüdischen Gemeinde in Berlin. Zwischen 1941 und 1945 lebte er in – nach nationalsozialistischem Sprachgebrauch – „privilegierter Mischehe“. Er wurde vor der drohenden Deportation bewahrt, musste aber Zwangsarbeit leisten. Im Februar 1943 wurde er von der Gestapo verhaftet. Nach dem Krieg nahm er seine freiberufliche Tätigkeit als Fotograf in Berlin wieder auf. Er arbeitete für den „Telegraf“ und die „Neue Zeitung“. In den fünfziger Jahren regelmäßig Bilder in der Frankfurter Allgemeinen Zeitung. Autor mehrerer Bildbände. Er starb 1964 bei einer Reportagereise.

Fritz Fenzl, geboren 1916 in Forbach (Lothringen). Nach der mittleren Reife Bergarbeiter und Besuch der Bergschule in Duisburg. Angeregt durch den Vater, der engagierter Amateurfotograf war, wollte er 1938 Luftbildfotograf werden und wurde zur Luftwaffe-See eingezogen. Die Kriegsjahre in Russland und in Italien endeten in amerikanischer Gefangenschaft. 1946 kehrte er aus Amerika nach Frankfurt am Main zurück und begann als Autodidakt journalistisch zu fotografieren, bei der „Frankfurter Neuen Presse“, später bei der amerikanischen „Neuen Zeitung“, bis diese 1952 eingestellt wurde. Danach bis 1957 Fotograf für die Redaktion der Frankfurter Allgemeinen Zeitung. Nach Zwischenstationen bei der „Stuttgarter Zeitung“ und bei „Burda“ in Offenburg fotografierte er 1964 für das Nationale Olympische Komitee die Winterspiele in Innsbruck und die Sommerspiele in Tokio. Geht im Sommer zur „Revue“. Seit Anfang der sechziger Jahre widmete er sich intensiv der Farbfotografie. Zahlreiche Ausstellungen, Biennale in Venedig 1957 und mit Andreas Feininger über „Rom und New York“. Lehnt 1967 den Kulturpreis der Deutschen Gesellschaft für Photographie ab. Buchveröffentlichungen: „Das Ruhrgebiet“, „Portrait ohne Pathos“ und in „Magie der Farbe“. Lebt bei Augsburg.

Helmut Fricke, geboren 1954 in Usla (Niedersachsen). Nach Schule und Pädagogikstudium in Frankfurt am Main arbeitete er für zwei Jahre in Berlin als Auslandsredakteur der „taz“. Anschließend war er Fotoassistent bei der Fotografin Digne Meller-Marcovicz. Wieder in Frankfurt am Main, arbeitete er als freiberuflicher Bildjournalist für in- und ausländische Magazine und Tageszeitungen sowie die Nachrichtenagenturen „Associated Press“ und „Reuters“. Von 1990 an fotografierte er für die Frankfurter Allgemeine Zeitung, seit 1992 ist er Redaktionsfotograf.

Eckhard Fuhr wurde 1954 in Groß-Rohrheim im südhessischen Ried geboren und ist dort zusammen mit drei Brüdern aufgewachsen. Nach dem Abitur am Gymnasium in Gernsheim am Rhein ging er 1973 zum Studium der Geschichte und Soziologie nach Freiburg, das durch den Grundwehrdienst unterbrochen wurde. Von 1980 bis 1985 war er wissenschaftlicher Angestellter am Historischen Seminar der Freiburger Universität.
Am 1. Januar 1986 trat er in die

Nachrichtenredaktion der Frankfurter Allgemeinen Zeitung ein. 1991 Wechsel in die politische Redaktion. Seit 1997 ist Eckhard Fuhr verantwortlich für die Innenpolitik.

Manfred Grohe, geboren 1938. In Kirchentellinsfurt bei Tübingen zu Hause, arbeitet er seit 1962 als freier Fotograf für Druckerzeugnisse aller Art. In den sechziger Jahren befuhr er als Bordfotograf des Passagierschiffes „Seven Seas" alle Weltmeere. In den letzten Jahren wurden Luftaufnahmen seine Spezialität, die er auch regelmäßig in der Frankfurter Allgemeinen Zeitung veröffentlichte.

F. C. Gundlach, geboren 1926 in Heinebach (Hessen). Nach der Ausbildung an einer Privatschule für Fotografie arbeitete er von 1949 bis 1952 als Assistent unter anderen bei Ingeborg Hoppe und in Paris bei Harry Meerson. 1952 wurde er in Stuttgart freiberuflicher Fotograf mit Illustriertenberichten, Theater- und Filmreportagen. Mit der Arbeit für die Zeitschrift „Film und Frau" verlegte er 1954 seinen fotografischen Schwerpunkt auf Mode im journalistischen Stil. Als Spezialist für Pelzmode fanden seine Fotos auf Umwegen auch in die Frankfurter Allgemeine Zeitung. Verschiedene Ehrungen, darunter das Bundesverdienstkreuz am Bande sowie die „Goldene George Eastman-Medaille" für hervorragende Verdienste um die deutsche Fotografie.

Robert Häusser, geboren 1924 in Stuttgart. Nach einer Volontärszeit als Pressefotograf, fotografischer Ausbildung in einem Handwerksbetrieb, Kriegsdienst und Gefangenschaft lebte er als Bauer auf dem elterlichen Hof in der Mark Brandenburg. Studium an der Kunstschule Weimar. 1952 Übersiedlung nach Mannheim. Auftragsreisen für Verlage und Industrie nach Europa, Südamerika und Ostasien. Zahlreiche Preise und Auszeichnungen für seine künstlerische Fotografie. In den sechziger Jahren viele Veröffentlichungen in der Frankfurter Allgemeinen Zeitung.

Heinz Hajek-Halke, geboren 1898 in Berlin. Der Sohn eines Malers studierte bei Emil Orlik und Hans Baluschek. Über den Entwurf von Filmplakaten kam er zur Fotografie und schließlich zum fotografischen Experiment. 1949 holte ihn Otto Steinert in die rheinländische Gruppe „fotoform". Zwei Jahre später beteiligte er sich an der Ausstellung „Subjektive Fotografie", die auch in der Frankfurter Allgemeinen Zeitung heftig diskutiert wurde. 1955 bis 1968 Lehrauftrag für „Foto-Grafik" an der Berliner Hochschule der Künste. 1983 in Berlin gestorben.

Harry Hamm, geboren 1922 in Amsterdam. Abitur in Haarlem; Kriegsjahre als Artillerist an der Ostfront; Gefangenschaft; Heimkehr 1949. Nach Studienjahren erste journalistische Praxis 1955. Seit 1959 außenpolitischer Berichterstatter für die Frankfurter Allgemeine Zeitung. Er widmete sich insbesondere Beobachtung und Analyse der Vorgänge im Weltkommunismus. Zahlreiche Reisen in alle Kontinente der Erde boten ihm Gelegenheit, Analysen und Wertungen durch eigenen Augenschein zu ergänzen. Verschiedene Buchveröffentlichungen. Auf seinen Reisen dokumentierte er das Geschehene mit der Kamera. Er starb 1979.

Wolfgang Haut, geboren 1927 in Saarbrücken. Nach Abitur in Frankfurt Studium am Dolmetscherinstitut der Universität Saarbrücken. Während eines Aufenthaltes in Paris mit Fotografie in Berührung gekommen. Die Atmosphäre der Stadt und einige bekannte französische Fotografen als Vorbilder (Cartier-Bresson, Doisneau) bestimmten schon damals sein fotografisches Hauptthema: der Mensch und sein Milieu. 1952 bis 1956 war er Schüler in der Fotoklasse von Otto Steinert an der Landeswerkkunstschule in Saarbrücken. Nach einjähriger Tätigkeit in einem größeren Werbeunternehmen arbeitete er als freier Fotograf in Frankfurt am Main. Er fotografierte die Bilder zu dem Band „Mainz – Gesicht einer Stadt", der 1962 zur Zweitausendjahrfeier erschien. Von 1958 bis 1992 war er Redaktionsfotograf der Frankfurter Allgemeinen Zeitung.

Robert Held, geboren 1922. Nach Wehrdienst und Studium der Romanischen Philologie trat er bei Gründung der Frankfurter Allgemeinen Zeitung 1949 in die Redaktion ein. Seit 1962 verantwortlich für das Feuilleton des Blattes, später Leiter der außenpolitischen Redaktion. Für die F.A.Z. berichtete er aus aller Welt: Er schätzte den Umgang mit Typografie und Fotografen. Selbst begeisterter Fotograf, förderte er die Fotografie in der Zeitung und holte 1953 Fritz Fenzl als Fotografen in die Redaktion. Zuweilen ging er mit seinem Kollegen F. A. Wagner in die Dunkelkammer, um selbst eine wichtige Vergrößerung auf alle Möglichkeiten hin auszuarbeiten. Er starb 1986.

Calle Hesslefors, geboren 1946 in Sundsvall (Schweden). Schon als Schüler nahm er häufig an Fotowettbewerben und -ausstellungen für Amateure teil und verbuchte erste Erfolge. Auf Drängen der Eltern machte er zunächst eine Lehre als Rundfunk- und Fernsehtechniker, gleichzeitig aber war er Fotograf bei einer der örtlichen Tageszeitungen. Übersiedlung nach Deutschland. Fünf Jahre war er bei einem amerikanischen Verlag in Frankfurt am Main – zunächst als Fotograf, dann als Foto-Editor und Art Director – angestellt. Von 1970 an arbeitete er als freiberuflicher Fotograf. Von Oktober 1979 bis 1989 Redaktionsfotograf des F.A.Z.-Magazins. Seitdem arbeitet er als freier Fotograf.

Thomas Höpker, geboren 1936. Nach Studium von Kunstgeschichte und Archäologie in Göttingen und München arbeitete Höpker als Fotograf für eine Münchner Illustrierte. Er bereiste fotografierend die ganze Welt. In den sechziger Jahren zahlreiche Veröffentlichungen in der Frankfurter Allgemeinen Zeitung. Ab 1964 Fotoreporter beim „Stern". Seit 1976 dessen Korrespondent in New York. Für das Magazin „Geo" war er Leiter der amerikanischen Ausgabe von 1978 bis 1981. Neben einigen anderen Preisen wurde er mit dem Kulturpreis der Deutschen Gesellschaft für Photographie 1968 ausgezeichnet. Bundesverdienstkreuz 1975.

Walde Huth, geboren 1923 in Stuttgart. 1940 bis 1945 studierte sie an der Kunstschule in Weimar bei Walter Hege Fotografie. Seit 1953 Werbe- und Modefotografie. Sie erledigte verschiedene Auftragsarbeiten für große Werbeagenturen und die Industrie. 1979 begann sie ihre Arbeit mit Fotozyklen. Ab 1986 beschäftigte sie sich mit intensiver Realisierung freier Themen. Zahlreiche ihrer Modefotos erschienen in der Frankfurter Allgemeinen Zeitung.

Marcus Kaufhold, geboren 1962 in Frankfurt am Main. 1982 Abitur in Dieburg. Als Schüler erste journalistische Gehversuche beim „Dieburger Anzeiger" und dem „Darmstädter Tagblatt". Volontariat von 1984 bis 1986 bei der „Abendpost/Nachtausgabe" in Frankfurt am Main, anschließend Redakteur bis zur Einstellung der Zeitung 1988. Danach freier Journalist und Fotograf. Ende 1989 bis 1991 mehrere Einsätze für Zeitungen und Zeitschriften in Berlin und den neuen Bundesländern als Reporter. Seit 1989 fotografiert er für die Frankfurter Allgemeine Zeitung.

Lutz Kleinhans, geboren 1926 in Neu-Isenburg. Kindheit und Schulzeit verbrachte er in Offenbach, im Kriege war er Luftwaffenhelfer, später bei der Marine, 1946 machte er sein Abitur. Während des naturwissenschaftlichen Studiums in Frankfurt am Main erste Berührung mit der Fotografie, anfänglich als Liebhaberei betrieben, später zur Finanzierung des Studiums. Seine Fotos erschienen in mehreren Tageszeitungen des Rhein-Main-Gebietes. Er beobachtete seit 1950 Tag für Tag die Ereignisse in der Stadt Frankfurt am Main und ihre Menschen mit seiner Kamera. Neben der Pressearbeit widmete er sich der Farbfotografie. Es erschienen mehrere Bildbände. Bundesverdienstkreuz 1982. Er war von 1959 an für die Frankfurter Allgemeine Zeitung tätig, von 1973 bis 1994 Redaktionsfotograf.

Barbara Klemm, geboren 1939 in Münster. Sie kam bereits mit neunzehn Jahren als Klischografin zur Frankfurter Allgemeinen Zeitung. Seit 1970 ist sie Redaktionsfotografin. Nach Besuch des Realgymnasiums und dreijähriger Ausbildung in einem Porträtatelier wurde sie von Wolfgang Haut angeregt, journalistisch zu arbeiten. Sie veröffentlichte zunächst ihre Fotos in der F.A.Z., aber auch in Wochenzeitungen und Magazinen. 1989 erhielt sie den Dr.-Erich-Salomon-Preis der Deutschen Gesellschaft für Photographie und die Hugo-Erfurth-Auszeichnung der Stadt Leverkusen, 1998 den Maria-Sibylla-Merian-Preis. Sie ist Mitglied der Akademie der Künste Berlin-Brandenburg seit 1991. Ihre wichtigsten Ausstellungen: 1976 Museum für Kunst und Gewerbe in Hamburg, 1982 Museum Folkwang in Essen, 1984 Fotografie Forum in Frankfurt am Main, 1991 Museum für Moderne Kunst in Frankfurt am Main und 1999 Deutsches Historisches Museum in Berlin. Bildbände: 1986 Bilder, 1995 Blick nach Osten, 1999 Unsere Jahre – Bilder aus Deutschland 1968-1998.

Michael Kretzer, geboren 1964 in Wiesbaden. Nach dem Abitur Ausbildung zum Fotografen. Er arbeitete für ein Porträtstudio und für den „Wiesbadener Kurier". Er fotografiert seit 1992 regelmäßig für die Frankfurter Allgemeine Zeitung.

Mirko Krizanovic, geboren 1959 in Subotica (Jugoslawien), seit 1969 in Deutschland. Nach der mittleren Reife Besuch der Fachoberschule für Wirtschaft und Verwaltung in Darmstadt; danach Sprachenschule mit Abschluss als Wirtschaftsübersetzer in Englisch. Seit 1980 studierte er autodidaktisch Fotografie. Die ersten journalistischen Fotos wurden 1983 im „Darmstädter Tagblatt" veröffentlicht, von da an ständig bis 1986. Dann fotografierte er für die Frankfurter Allgemeine Zeitung, von August 1987 bis Juni 1994 als Redaktionsfotograf. Seitdem freier Fotograf, auch für das F.A.Z.-Magazin.

Andreas Kuther, geboren 1958 in Frankfurt am Main. Studium der Germanistik, Anglistik und Zeitungswissenschaft in München. 1984 volontierte er bei der Deutschen Presse-Agentur in der Bildzentrale in Frankfurt am Main. 1986 wechselte er als Bildredakteur zur European Pressphoto Agency, wo er die Auslandsberichterstattung für den Verbund der europäischen Nachrichtenagenturen mit aufbaute und koordinierte. Seit 1990 als Chef vom Dienst bei Associated Press Photo. Seit 1994 leitete er als Chefredakteur den deutschen Bilderdienst. Nach zwölf Jahren Agentur „Seitenwechsel" zur Zeitung. Seit 1996 Bildredakteur bei der Frankfurter Allgemeinen Zeitung.

Robert Lebeck, geboren 1929 in Berlin. Abitur 1948 in Donaueschingen. Das Studium der Völkerkunde begann er 1948 in Zürich und setzte es von 1949 bis 1951 in New York an der Columbia-Universität fort. 1952 bis 1955 war er Fotograf für Heidelberger Zeitungen. Mitarbeiter verschiedener Magazine. Seit 1966 arbeitete er im Reporterteam des „Stern". Zusammen mit Klaus Harpprecht war er von 1977 bis 1978 Chefredakteur von „Geo". Wieder beim „Stern", war er von 1979 bis 1995 Fotoreporter. Zahlreiche Ausstellungen. Den Dr.-Erich-Salomon-Preis der Deutschen Gesellschaft für Photographie erhielt er 1991. Von 1958 bis 1963 regelmäßig Veröffentlichungen in der Frankfurter Allgemeinen Zeitung.

Matthias Lüdecke, geboren 1952 in Berlin. Nach dem Abitur 1972 machte er eine Ausbildung als Maschinenschlosser. Nach einigen Semestern Sozialpädagogik und Drucktechnik arbeitete er auch als Fern- und Taxifahrer. Seit Anfang der achtziger Jahre beschäftigt er sich mit der Fotografie. Seit 1990 ist er in Berlin als freier Fotograf tätig. Veröffentlichungen in diversen Zeitungen, seit 1996 regelmäßig in der Frankfurter Allgemeinen Zeitung.

Guido Mangold, geboren 1934 in Ravensburg. 1958 Studium an der Folkwangschule für Gestaltung in Essen bei Otto Steinert. 1960 erhielt er die Goldmedaille bei der Biennale in Mailand. 1964 erhielt er den 1. Preis für das künstlerische Foto beim World Press Photo-Wettbewerb. Seit 1965 ist er freier Bildjournalist und Werbefotograf. Seine erste Veröffentlichung hatte er 1959 in der Frankfurter Allgemeinen Zeitung.

Klaus Meier-Ude, geboren 1927 in Lübeck. Nach dem Abitur ließ er sich in einem Atelier zum Fotografen ausbilden. 1951 siedelte er über nach Frankfurt am Main und machte sich 1953 als Fotojournalist selbständig. Er arbeitete regelmäßig für die Frankfurter Allgemeine Zeitung und andere Frankfurter Tageszeitungen sowie Zeitschriften wie „Schöner Wohnen". Seine Arbeitsgebiete waren vor allem Architektur, Landschaften, Städtebilder und auch Menschen im Alltag. Er erhielt 1968 für die Bilderserie „Stundenbuch einer Stadt" den Theodor Wolff-Preis. 1982 suchte er sich einen zweiten Beruf, den er, neben der Arbeit als Pressefotograf, gleichzeitig ausübte: Er wurde Verwalter eines Friedhofes der jüdischen Gemeinde in Frankfurt.

Anna Meuer, geboren 1964 in Frankfurt am Main. Abitur 1983. Im folgenden Jahr Praktikum bei dem Modefotografen Günther Misof. Von Juli 1985 bis September 1986 Assistentin bei dem Studiofotografen Michael Stibitz in München. Gesellenprüfung an der Staatslehranstalt für Photographie in München. Veröffentlichungen in „Die Zeit" und in Illustrierten. Sie schrieb Autorenporträts für verschiedene Verlage. Seit 1989 fotografiert sie für die Frankfurter Allgemeine Zeitung regelmäßig Konzerte in und um Frankfurt am Main.

Stefan Moses, geboren 1928 in Liegnitz (Schlesien). Von 1937 bis 1943 besuchte er das Zwinger-Gymnasium in Breslau. Nach Schulverbot begann er unerlaubt eine Berufsausbildung bei der Kinderfotografin Grete Bodlée, die er – nach Haft im Zwangsarbeitslager Ostlinde – erst 1945 bei ihr in Erfurt fortsetzen konnte. 1947 wurde er vom Nationaltheater Weimar als Fotograf engagiert. 1950 übersiedelte er nach München, wo er als Bildjournalist für Magazine wie „Neue Zeitung", „Revue", „Das Schönste" und „Magnum" arbeitete. 1960 bis 1968 war er für den „Stern" tätig. Danach freier Fotograf. Er erhielt 1990 die David-Octavius-Hill-Medaille der Fotografischen Gesellschaft Deutscher Lichtbildner und 1991 den kulturellen Ehrenpreis der Stadt München. 1994 wurde er zum ordentlichen Mitglied der Bayerischen Akademie der Schönen Künste in München gewählt. Von 1962 bis 1969 regelmäßig, danach gelegentlich Veröffentlichungen in der Frankfurter Allgemeinen Zeitung.

Günter Paul, geboren 1946 in Lüneburg. Studium der Physik in Bonn, mit Schwerpunkten Astronomie und Weltraumforschung. Promotion über Dichte- und Temperaturverteilung in der Hochatmosphäre der Erde. Seit Oktober 1979 Redakteur im Ressort „Natur und Wissenschaft" der Frankfurter Allgemeinen Zeitung. Gelegentlich auch Fotos in dieser Zeitung.

Christian-Matthias Pohlert, geboren 1954 in Hannover. Von 1975 bis 1982 absolvierte er in Hamburg ein Studium in Malerei und Grafik, später auch in Fotografie. 1984 an der Filmschule der New York University. Mit Journalismus kam er schon 1971 als Bote bei der ARD-Tagesschau des NDR in Berührung. Dort bis 1982 Assistent in der Filmabteilung. 1982 volontierte er bei der Deutschen Presse-Agentur als Bildredakteur. Die Praxis des Fotoreporters lernte er dort und in New York bei Associated Press (AP) kennen. Seit 1988 leitet er die Bildredaktion der Frankfurter Allgemeinen Zeitung.

Frank Röth, geboren 1968 in Viernheim. Abschluss der Realschule und zweijährige Ausbildung zum AV-Medien-Designer in Stuttgart. Im Wehrdienst arbeitete er als Reprofotograf, anschließend als Assistent bei einem Werbefotografen. Seit 1989 ist er Pressefotograf. Bis 1993 war er freier Mitarbeiter der „Südhessischen Post/Bergsträßer Echo", danach Redaktionsfotograf der englischsprachigen Wochenzeitung „Prognosis Weekly" in Prag. 1995 kam er als freier Fotograf zur Frankfurter Allgemeinen Zeitung. Auf ein Volontariat folgte Mitte 1996 die Anstellung als Redaktionsfotograf dieser Zeitung.

Dieter Rüchel, geboren 1957 in Saarbrücken. An der Hamburger Fachhochschule absolvierte er von 1986 bis 1991 sein Studium in Kommunikationsdesign und Fotografie. Anschließend Fotoreporter für das „Greifswalder Tageblatt". 1992 für ein Jahr Stipendiat des DAAD in Prag an einer Schule für dokumentarische Fotografie. Seit 1993 arbeitet er regelmäßig für die Frankfurter Allgemeine Zeitung.

Bernd Schmitz-Sieg, geboren 1918 in Duisburg. Während des Krieges Fotograf bei der Wehrmacht. Belieferte anschließend in Frankfurt am Main als Pressefotograf verschiedene Tageszeitungen und Bildagenturen, auch die Frankfurter Allgemeine Zeitung. Übersiedelte Anfang der sechziger Jahre nach Spanien. 1981 in Duisburg gestorben.

Torsten Silz, geboren 1972 in Unna. Abitur 1992 an der Geschwister-Scholl-Gesamtschule in Lünen. Seit 1987 freier Fotograf für verschiedene Redaktionen der „Westfälischen Rundschau" sowie bei der Zeitungsgruppe WAZ. Von 1991 bis 1992 Mitarbeiter beim „Lokalradio NRW". 1996 Volontariat bei der Deutschen Presse-Agentur" in der Frankfurter Bildzentrale. Seit 1998 gehört er als Fotograf zur Redaktion der Frankfurter Allgemeinen Zeitung.

Cornelia Sick, geboren 1957 in Mount Pleasant (Michigan/USA). Sie studierte an der Central Michigan University Politik- und Geschichtswissenschaft. 1979 war sie Praktikantin bei der „Saarbrücker Zeitung". Von 1984 bis 1985 Volontariat bei der „Stuttgarter Zeitung". Bis 1988 dort Fotografin. Nach einem Jahr bei der „Mainzer Rheinzeitung" war sie von 1989 bis 1991 Fotografin bei der Hessischen Landesregierung. Von 1991 an zunächst als Bildredakteurin, später als Fotografin bei der Frankfurter Allgemeinen Zeitung.

Otto Steinert, geboren 1915 in Saarbrücken. 1934 Abitur. Er studierte von 1934 bis 1939 Medizin. 1937 Fahnenjunker des Sanitätskorps. 1939 promovierte er bei Professor Sauerbruch an der Berliner Charité. Während des Krieges war er Arzt bei der Wehrmacht, 1945 bis 1947 war er Assistenzarzt an den Kliniken der Universität Kiel. Er kehrte nach Saarbrücken zurück und begann als Porträtfotograf zu arbeiten. 1948 Einrichtung seiner ersten Fotoklasse an der staatlichen Schule für Kunst und Handwerk. 1949 Mitbegründer der Gruppe „Fotoform" mit Peter Keetman, Siegfried Lauterwasser, Toni Schneiders und Ludwig Windstosser. 1951 organisierte er die Ausstellung „Subjektive Fotografie" in Saarbrücken. Steinert bestimmte als Lehrer wie kein anderer die Diskussion über die Entwicklung der Fotografie im Deutschland der Nachkriegszeit. 1952 wird er Direktor der staatlichen Schule in Saarbrücken. 1959 wird er als Leiter der Werkgruppe Fotografie berufen und wird stellvertretender Direktor an der Folkwang-Schule für Gestaltung in Essen. Die fotografische Sammlung im Museum Folkwang leitete er bis zu seinem Tod 1978 als Kurator. 1962 Kulturpreis der Deutschen Gesellschaft für Photographie. 1965 erhielt er die Medaille Davanne der „Société française de photographie" und die David-Octavius-Hill-Medaille der „Gesellschaft deutscher Lichtbildner". Bundesverdienstkreuz 1974. Seine Fotos wurden auch in der Frankfurter Allgemeinen Zeitung veröffentlicht.

Liselotte Strelow, geboren 1908. Aufgewachsen in Hinterpommern, ging sie 1930 nach Berlin und lernte Fotografie im Lette-Verein sowie bei der Porträtfotografin Suse Wyk. Seit 1950 lebte sie zunächst in Düsseldorf, später in Hamburg. Sie beobachtete mit ihrer Kamera das Theaterleben und machte sich einen Namen als Porträtfotografin. 1976 erhielt sie den Kulturpreis der Deutschen Gesellschaft für Photographie. Ihre Bilder sowie ihre Reportagen aus dem Alltagsleben erschienen regelmäßig in der Frankfurter Allgemeinen Zeitung. Sie starb im Oktober 1981 in Hamburg.

Peter Sturm, 1958 in Wetzlar geboren. In Gießen und Münster studierte er Neuere Geschichte, Politikwissenschaft und Osteuropäische Geschichte. Nach der Promotion war er zwei Jahre als freier Mitarbeiter für die „Münstersche Zeitung" tätig; anschließend Volontariat bei der „Wetzlarer Neuen Zeitung". Seit 1991 Mitglied der Nachrichtenredaktion, wo er sich vor allem um asiatische Angelegenheiten kümmert.

Carl-Albrecht v. Treuenfels, geboren 1938 in Schwerin. Schon in der Schulzeit begann er, frei lebende Tiere und deren Lebensräume zu fotografieren und darüber Artikel zu schreiben. Während seines Studiums und der Ausbildung zum Rechtsanwalt und einer mehrjährigen Tätigkeit im Management einer internationalen Werbeagentur in Frankfurt am Main machte er als Autor und Fotograf den Naturschutz zu seinem Anliegen. Er gehört seit 1980 dem Stiftungsrat der Umweltstiftung WWF-Deutschland und seit 1981 dem WWF-Vorstand an, seit 1989 als dessen Vorsitzender. Seit dem 1. Januar 1997 ist er Präsident von WWF-Deutschland. Seit 1973 veröffentlicht der Autor mehrerer Bücher regelmäßig Fotos mit seinen Artikeln in der Frankfurter Allgemeinen Zeitung.

Tim Wegner, geboren 1968 in Frankfurt am Main. Schon während seiner Schulzeit fotografierte er für Frankfurter Tageszeitungen. Von 1986 bis 1988 Ausbildung zum Fotografen beim Lette-Verein in Berlin. Danach Freiberufler in Frankfurt am Main. Seit 1992 regelmäßige Veröffentlichungen seiner Reportagen in der Frankfurter Allgemeinen Zeitung.

Adelbert Weinstein, geboren 1916 in Halle an der Saale. Nach dem Abitur trat er in die Wehrmacht ein. 1938 zum Leutnant befördert. Am Ende des Krieges als Major in britischer Gefangenschaft bis 1947. Danach Volontär bei der „Mainzer Allgemeinen Zeitung" und Studium der Geschichte, Volkswirtschaft und Romanistik. Seit Gründung der Frankfurter Allgemeinen Zeitung Mitarbeiter der politischen Redaktion. Fast ein Jahrzehnt lang stand der Vietnam-Krieg im Mittelpunkt seiner journalistischen Arbeit, den er auch mit der Kamera für die Zeitung dokumentierte. Adelbert Weinstein lebt heute in Eltville.

Rainer Wohlfahrt, geboren 1967 in Calw. Abitur in Schorndorf. Von 1987 bis 1989 Zivildienst beim Diakonischen Werk Saarbrücken in einer Einrichtung für schwer erziehbare Kinder und Jugendliche. Im selben Jahr Praktikum in einem Porträtstudio bei Stuttgart. 1989 bis 1995 studierte er Fotografie an der Fachhochschule Dortmund bei Ulrich Mack. Von 1995 bis 1998 arbeitete er als freier Fotograf bei der „Westfälischen Rundschau" in Unna. Seit August 1998 Fotograf für die Frankfurter Allgemeine Zeitung.

Dirk Zimmer, geboren 1956 in Hamburg. 1975 Abitur am Albert-Schweitzer-Gymnasium, anschließend Wehrdienst beim Luftwaffen-Ausbildungsregiment in Pinneberg. Einstieg in den Journalismus 1977 als Volontär bei einer Hamburger Bildagentur. 1978 wechselte er in die Bildredaktion der Deutschen Presse-Agentur nach Frankfurt am Main. 1981 ein Fotobuch über Graffiti: „Wandbilder vom Sprayer". Geht 1984 zur „Abendpost/Nachtausgabe". 1987 Bildredakteur bei dem Umweltmagazin „Chancen". Seit 1989 Bildredakteur bei der Frankfurter Allgemeinen Zeitung.

Bilder auf der ersten Seite?

Frankfurter Allgemeine

ZEITUNG FÜR DEUTSCHLAND

S-Ausgabe / Samstag, 30. Januar 1954 — Herausgegeben von Hans Baumgarten, Erich Dombrowski, Karl Korn, Paul Sethe, Erich Welter — Preis: 40 Pfennig / Nr. 25

Jetzt ist Deutschland auf der Tagesordnung

Eden schlägt im Namen des Westens freie Wahlen und Entscheidungsfreiheit für die Deutschen vor

Drahtbericht unseres Korrespondenten

a. e. **Berlin**, 29. Januar. Die vier Außenminister sind in ihrer fünften Sitzung am Freitag zu Punkt zwei der Tagesordnung übergegangen und haben die Deutschlanddebatte aufgenommen. Der britische Außenminister Eden legte den britischen Plan zur Wiedervereinigung Deutschlands dar, in dessen Mittelpunkt freie Wahlen und entsprechende Garantien ihrer Durchführung stehen. Von entscheidender Wichtigkeit ist weiterhin die Forderung, daß die zukünftige gesamtdeutsche Regierung die Freiheit haben müsse, jede internationale Verpflichtung der Bundesregierung oder des sowjetischen Regimes zu übernehmen, soweit sie es für notwendig halte.

Außenminister Molotow erklärte sich nach anfänglichem Widerstreben nach einem Gegenantrag Bidaults (siehe weiter unten) bereit, zur deutschen Frage überzugehen, und beantragte sofort die Hinzuziehung von Vertretern der Bundesrepublik und der Sowjetzone. Diese Forderung wurde jedoch von den Westmächten rundweg abgelehnt.

Der von Eden schon am Montag in seiner Eröffnungserklärung angekündigte Plan sieht folgendes Programm für die Wiedervereinigung vor:

1. Freie Wahlen in ganz Deutschland;

2. Einberufung einer Nationalversammlung, die aus diesen Wahlen hervorgehen soll;

3. Ausarbeitung einer Verfassung und Vorbereitung der Verhandlungen über einen Friedensvertrag;

4. Annahme der Verfassung und Bildung einer gesamtdeutschen Regierung, die bei den Verhandlungen für einen Friedensvertrag verantwortlich zeichnet;

5. die Unterzeichnung und das Inkrafttreten des Friedensvertrages.

Eden forderte, daß die aus freien Wahlen hervorgegangene gesamtdeutsche Regierung in voller Freiheit über einen Friedensvertrag verhandeln können müsse. „Ein Diktatfrieden wäre unannehmbar für Deutschland und auch für uns." Er erklärte, die gesamtdeutsche Regierung müsse auch die uneingeschränkte Freiheit haben, alle internationalen Rechte und Verpflichtungen der Bundesrepublik oder Mitteldeutschlands, die mit der Charta der Vereinten Nationen vereinbar seien, zu übernehmen.

Mit oder ohne Neutrale

Eine Beaufsichtigung der gesamtdeutschen Wahlen sei unbedingt notwendig. Eden schlug vor, zu diesem Zweck eine Kommission aus Vertretern der vier Besatzungsmächte zu bilden. Er stellte anheim, ob auch neutrale Mächte zu dieser Kommission hinzugezogen werden sollen.

Das Wahlgesetz sollte unter Berücksichtigung der zu diesem Zweck vom Bundestag der Bundesrepublik und von der sowjetzonalen Volkskammer schon entworfenen Wahlgesetze durch die vier Besatzungsmächte vorbereitet werden. Nach seiner Billigung sollte es in ganz Deutschland von den vier Mächten verkündet werden. Die Wahlen sollten danach so bald wie möglich abgehalten werden.

Diese Sitzung wurde durch den vorsitzenden amerikanischen Außenminister Dulles mit dem Vorschlag eröffnet, nun an die Beratung der deutschen Frage zu gehen. Molotow bestand jedoch auf Erörterung seines am Vortage eingebrachten Antrages auf Einberufung einer Weltkonferenz für allgemeine Abrüstung in diesem Jahre. Die Außenminister der Westmächte erklärten sich einverstanden. Dann unterbreitete Außenminister Bidault einen Gegenvorschlag, der die Vorbereitung einer allgemeinen Abrüstungskonferenz im Rahmen der Vereinten Nationen vorsieht. Als Voraussetzung hierfür nannte er die Einstellung aller Feindseligkeiten im Fernen Osten und die Aechtung und Verurteilung von Angriffshandlungen durch die Berliner Konferenz.

Bidault schlug vor, die Verhandlungen über die beiden Abrüstungsvorschläge bis zur nächsten Woche zu verschieben. Sie sollten dann zusammen mit dem sowjetischen Vorschlag auf Einberufung einer Fünfmächtekonferenz mit China auf der schon am Vortage vereinbarten Geheimsitzung der Außenminister besprochen werden, an der neben den Ministern nur ihre engsten Berater teilnehmen sollen. Molotow erklärte sich mit diesem Vorschlag einverstanden.

Von der Bundesregierung gebilligt

Ein Sprecher der deutschen Delegation in Berlin erklärte am Freitagabend, der von Außenminister Eden als Vorschlag der Westmächte für die deutsche Wiedervereinigung vorgelegte Fünf-Punkte-Plan sei in Uebereinstimmung mit der Bundesregierung eingebracht worden.

(Die Rede Molotows lag bei Redaktionsschluß noch nicht vor. Weitere Berichte über die Konferenz auf Seite 3.)

Der Bundespräsident (Foto: Liselotte Strehlow)

Verwirrung

an. Nach dem ersten Tag der Konferenz wurde von einem Beobachter die Aussage gewagt, sie befinde sich bereits in einer Sackgasse. Die folgenden Tage haben diesen Pessimismus nicht bestätigt. Nicht die schroffe Absage des amerikanischen Staatssekretärs an den Gedanken einer Fünferkonferenz über alle Weltfragen war bisher das entscheidende Ereignis, sondern sein Einverständnis mit einer solchen Konferenz über fernöstliche Angelegenheiten. Das braucht keine weittragenden Folgen zu haben; aber es ist immerhin ein Fortschritt.

Am Freitag freilich wurde diese Tatsache in der Weltpresse in den Hintergrund gedrückt durch den letzten Vorschlag des russischen Außenministers, eine Abrüstungskonferenz einzuberufen. Im Augenblick herrscht der Eindruck vor, diese Anregung habe den Sinn, die Konferenz zu verschleppen oder die Westmächte auseinanderzubringen. Vorläufig zum mindesten scheint es Molotow in der Tat gelungen zu sein, einige Verwirrung in die westlichen Reihen zu bringen. Das bestätigt vor allem ein Blick in die französische Presse, die von einer Art widerwilliger Bewunderung vor dem Verhandlungstalent des russischen Vertreters erfüllt ist. (Der Leser erinnert sich vielleicht an unsere Ausgabe vom Mittwoch, in der wir Worte der Anerkennung für den Diplomaten Molotow wiedergegeben haben, die kein Geringerer als Dulles einmal geäußert hatte.) Ohne Zweifel ist es die Absicht Molotows, namentlich in Frankreich Entgegenkommen für seine politischen Wünsche zu finden.

Man wird nach dem bisherigen Verlauf der Tagung nicht sagen dürfen, daß sein Unternehmen hoffnungslos sei. Aus Paris kommen heute Nachrichten, nach denen es Bidault gewesen ist, auf dessen Anraten Dulles dem russischen Minister in der Frage der Fünferkonferenz einen Schritt entgegengekommen ist. Molotow wird darin eine Bestätigung seines Vorgehens sehen.

Wochenend-Ausgabe

AUS DEM INHALT:

Politik:
Berijas gefährliche Erfindung

Wirtschaft:
Marktforschung in Deutschland heute

Feuilleton:
Große Augenblicke deutscher Kunst

Literaturblatt:
Rezensionen über Joyce Cary, Herbert Wendt, E. M. Cioran, Georg Munk u. a.

Bilder und Zeiten:
Radioaktive Isotope

Für die Frau:
Als Nurse in Amerika

Theodor Heuss

Von Erich Dombrowski

Der Bundespräsident begeht morgen seinen siebzigsten Geburtstag. Das ist ein Lebensabschnitt, der, wenn der Festtrubel sich gelegt hat, jeden beschaulich, jeden nachdenklich stimmt. Man schreitet, den Blick eine Weile rückwärts wendend, gelassen über die Schwelle zum achten Jahrzehnt. Nur verhältnismäßig wenigen ist es vergönnt, dann noch, in voller Schaffenskraft, in voller Ideenfülle, einer großen Aufgabe zu dienen. Nur ganz wenigen, als gewählter Repräsentant, an der Spitze eines Staates zu stehen. Ein Monarch verwaltet das Erbe seiner Väter. In sich verkörpert er eine geschichtliche Tradition, in der sein Haus und sein Land heraufgewachsen sind. Ein Staatspräsident, den die Volksvertretung erkoren hat, ist ganz auf sich selbst gestellt. Das Vertrauen, das einem König gleich beim Regierungsantritt entgegengebracht wird, muß der Präsident sich erst, Schritt für Schritt, erwerben. Diese Notwendigkeit tritt, in allen großen und in allen kleinen Handlungen, jeden Tag an ihn heran. Im persönlichen und im schriftlichen Verkehr. Im Auftreten vor der Öffentlichkeit. Immer steht er im grellen Rampenlicht. Niemals darf er sich blenden lassen, mehr scheinen als sein wollen. Seine Persönlichkeit muß sich vor dem Schicksal, das ihn aus dem Volke berufen, immer von neuem bewähren. Die Forderung der Stunde steht mahnend vor ihm. Wie der unerschütterliche Chef des Protokolls. Theodor Heuss hat es, mit großer menschlicher Klugheit, mit feinem politischem Fingerspitzengefühl, mit natürlichem Empfinden für Distanzierung bisher verstanden, den Gefahren der reißenden Strudel in dem aufregenden Existenzkampf der Nation zwischen Gestern und Morgen zu begegnen. Das Grundgesetz hat ihn, betonter als in der Weimarer Verfassung, von vorneherein aus dem wirren Tagesstreit herausgehoben und alle unmittelbare Verantwortung dem Bundeskanzler übertragen. Trotzdem ist er keine bloße repräsentative Staatsfigur, die lediglich die Gesetze durch ihre Unterschrift zu vollziehen, den Bundeskanzler zu berufen, die Minister zu vereidigen, die Diplomaten zu empfangen und Orden zu verleihen hat. Ihm ist es bewußt: nicht das Amt formt den Mann, sondern der Mann formt das Amt. So hat er mehr als einmal, nicht nur hinter den schillernden Kulissen der Politik, entscheidend eingegriffen, wenn er eine Not am Horizont heraufziehen sah. In allem, was er politisch tat, stellte er sich, die Gesamtinteressen der Nation vertretend, über die Parteien und versuchte, wo die Gegensätze sich gefahrdrohend zuspitzten, ausgleichend zu wirken. Nie aber vergaß er, über den Politiker, über den höchsten Beamten des Bundes, den Menschen. Wo der Verstand keinen Ausweg mehr zu finden schien, das Herz wußte ihn. Aus einem sicheren Instinkt. Und dieses warme Herz ist es, das ihm erst die Zuneigung, dann das Zutrauen und schließlich das Vertrauen, man kann wohl sagen, der weitesten Volkskreise erschloß.

*

In einer Zeit, da das deutsche Volk sich langsam wieder das Vertrauen der Umwelt erobern mußte, kam psychologisch alles darauf an, wen man, als sichtbares Zeichen eines neuen Beginns, an die Spitze des Staates stellte. Traf man, in diesem Sinne, die richtige Wahl? Ja. Mit Theodor Heuss zog ein Vertreter des geistigen Deutschlands in das Präsidentenhaus ein. Im übertragenen Sinne ein Sproß der Dichter und Denker des vergangenen Jahrhunderts, denen die Welt auf dem Gebiete der Literatur, der Philosophie und Musik unvergängliche Werte verdankt. Seine geistigen Wurzeln reichen in der Tat in das neunzehnte Jahrhundert zurück. Seine größeren und kleineren schriftstellerischen Arbeiten, seine Bücher und Studien haben hier ihren eigentlichen Nährboden. Vor allem im biographischen Bereich. Aus dieser Vergangenheit, zum Teil weit in die Gegenwart hineinreichend, entstanden seine „Deutschen Gestalten", seine künstlerischen Lebensdarstellungen eines Friedrich List, eines Justus Liebig, eines Friedrich Naumann, eines Robert Bosch. Der Umgang mit Menschen in geistig-seelischer Auseinandersetzung mit ihnen, waren es Dahingegangene oder Lebende, gab seinem schriftstellerischen Schaffen das Gepräge. Und dieser Umgang mit Menschen, diese Kunst, sich in des anderen Seele hineinzufühlen, verleiht ihm immer wieder den Charme, dem sich niemand zu entziehen vermag, der ihm begegnet. Das ist das Geheimnis seines (ungewollten) Erfolges.

*

Entscheidend für sein Leben wurde, als er Friedrich Naumanns Weg kreuzte. Gerade hatte er sein Studium, als Schüler Lujo Brentanos, des großen sozial-liberalen Volkswirtschaftlers, beendet, als er in die Redaktion der „Hilfe" berufen wurde, jener kämpferischen sozialen Zeitschrift, die unter dem Leitspruch erschien: Gotteshilfe, Selbsthilfe, Bruderhilfe. Herausgeber war Friedrich Naumann. Geistlicher. Sozialreformer. Politiker. Schriftsteller von Glanz und Farbe. Unerschöpflich in seinem Ideenreichtum. Ein Redner, der über sogar keine klingend tragende Stimme verfügte, der aber durch sein Ethos und durch seinen sprühenden Geist die Menschen verzauberte. Der soziale Arbeiter im Weinberg des Herrn. Der Mensch mit dem so großen Herzen für alles Menschliche. Er starb, mitten auf seinem Höhenflug, als ein Unvollendeter, und resigniert sagte Theodor Heuss von ihm: „Seine Stellung in der Geschichte hat einen eigentümlichen Rang. Die unmittelbar staatsmännische Tätigkeit blieb ihm versagt. Er steht in seinen Jahrzehnten als denkerische und moralische Kraft." Was beiden gemeinsam war, das war ihr soziales Verantwortungsgefühl in einer Zeitwende, da die Technik und die Massenproduktion mit der Wissenschaft, der Partei- und Gewerkschaftspolitik und der Gesetzgebung um einen Ausgleich rangen.

*

Das, was Friedrich Naumann, was die anderen Reformer im Kreise des Vereins für Sozialpolitik, die Ernst Tröltsch, Max Weber und wie sie alle hießen, nicht ausreifen lassen konnten, hat ein einsichtsvolles Geschick Theodor Heuss aufgetragen: den Weg aus der Theorie in die Praxis, den Weg in die verantwortliche Staatsführung zu beschreiten. Seine politischen Erfahrungen sammelte er zunächst in der Gemeinde. Als Stadtverordneter in Schöneberg und Berlin. Dann als Reichstagsabgeordneter. Schließlich als einer der führenden Männer bei der Gestaltung des Grundgesetzes. Viel mühsame Kleinarbeit war zu leisten. In den parlamentarischen Ausschüssen. In den Wählerversammlungen. Im öffentlichen rednerischen Ringen um die großen Fragen der Nation auf der Tribüne der Volksvertretung. Immer, wenn er das Wort ergriff, war es geschliffen und gefeilt. Bis ins letzte durchdacht. Niemals war er, und er konnte ein recht temperamentvoller Fechter sein, dabei persönlich verletzend. Freunde hatte er in allen Parteien. Ein Philosoph als Politiker. Antisthenes, ein Schüler des Sokrates, antwortete, als er gefragt wurde, welchen Gewinn ihm nun all die viele Philosophie gebracht habe, bescheiden: „Die Fähigkeit, mit mir selbst zu verkehren." Diese Gabe ist Theodor Heuss eigen. Und aus der Tiefe seines Innern kommen dann, wenn er öffentlich spricht, jene kristallklaren Gedanken, die den Lauschenden, erwartend und hoffend, mitten ins Herz wie ein Lichtstrahl treffen: Ein Staatsmann, der über das Aktuelle den größeren Zusammenhängen nachspürt, der, ein abgeklärter Weiser, Deutschlands geistiger Statthalter ist.

Tito: Herzliches Verhältnis zum Westen

Als Präsident der Republik bestätigt / Gegen Anwendung sowjetischer Methoden

Eigener Drahtbericht der Frankfurter Allgemeinen Zeitung

hh. **Belgrad**, 29. Januar. Marschall Tito ist am Freitagnachmittag von der jugoslawischen Nationalversammlung zum zweitenmal im Verlauf von zwölf Monaten als Präsident der Republik bestätigt worden. Das Ergebnis des geheimen Wahlganges wurde von den Abgeordneten mit tosendem Beifall aufgenommen. Djilas und Dedijer waren bei der Wahl nicht zugegen.

Vorher hatte Tito in einem zweieinhalbstündigen Referat einen Ueberblick über die innen- und außenpolitische Lage des Landes während der letzten vier Jahre gegeben. Zum Verhältnis Jugoslawiens gegenüber Deutschland führte Tito wörtlich aus: „Unsere Regierung wies wiederholt auf die Notwendigkeit hin, den Wunsch des deutschen Volkes nach Wiedervereinigung in einem unabhängigen, demokratischen und friedliebenden Staat zu erfüllen. Dies würde sicherlich einen gewaltigen Beitrag zur Sicherung des Friedens in der Welt bedeuten. Mit der Regierung der Bundesrepublik haben wir gute Beziehungen, die den Interessen beider Länder entsprechen und dies besonders auf wirtschaftlichem Gebiet, wo der Umfang des gegenseitigen Austausches bedeutende Ausmaße angenommen hat."

Westdeutschland als dritter Gläubiger

Das Verhältnis Jugoslawiens zu den Vereinigten Staaten von Amerika, Großbritannien, Frankreich, Griechenland, Türkei und zu Oesterreich bezeichnete Tito als herzlich. Die Bemühungen Jugoslawiens um ein Einvernehmen mit Italien seien bisher ohne Erfolg geblieben. Unter den bedeutenden Kreditgebern Jugoslawiens nannte Tito Westdeutschland an dritter Stelle hinter den Vereinigten Staaten und Großbritannien.

Neben den Verträgen über die Wirtschaftshilfe mit den drei westlichen Großmächten nannte Tito noch besonders den Militärhilfsvertrag mit den Vereinigten Staaten. Ueber das Verhältnis zur Sowjetunion sagte Tito, Jugoslawien habe im Geiste der Charta der Vereinten Nationen die Vorschläge zu einer Teilnormalisierung durch den Kreml angenommen.

Auf innenpolitischem Gebiet betonte Tito unter offensichtlicher Anspielung auf Djilas, die Störung des Aufbaues der sozialistischen Demokratie durch „Konfusion, Anarchie und kleinbürgerliche Elemente" werde nicht geduldet. Die Anwendung sowjetischer Methoden bei der Bekämpfung feindlicher Strömungen lehnte Tito jedoch ausdrücklich ab.

Am Schluß seines Berichtes wies Tito mit Nachdruck darauf hin, daß keine Aenderung in der jugoslawischen Außenpolitik zu erwarten sei.

Rätselraten über die Vietminh

Paris, 29. Januar (dpa/UP). Die militärische Lage in Indochina ist zur Zeit außerordentlich undurchsichtig. Der französische Generalstab tappt über die Absichten des Vietminh-Generalstabschefs Giap im dunkeln. Die seit Herbst erwartete große Vietminh-Offensive ist noch immer nicht losgebrochen, obwohl zuverlässige Nachrichten darüber vorliegen, daß die Vietminh-Truppen materiell zu einer solchen Offensive in der Lage wären.

Nach Mitteilung des französischen Oberkommandos wurde am Donnerstagabend ein Vietminh-Angriff gegen Dien-Bien-Phu in Westtonking abgeschlagen. Die Vietminh-Einheiten, die bisher nur die Höhen um den Talkessel von Dien-Bien-Phu besetzt hatten, sind im Norden in den Kessel eingedrungen. Die Festung wird von dreizehn Elitebataillonen verteidigt, die auf dem Luftwege versorgt werden müssen.

Paris wahrt gemäßigten Optimismus

Wenig Hoffnung auf eine Behandlung der deutschen Frage

Eigener Drahtbericht der Frankfurter Allgemeinen Zeitung

d. **Paris**, 29. Januar. Am Ende der ersten Berliner Verhandlungswoche sind die Pariser Reaktionen auf die Viermächteverhandlungen wieder zu dem vorsichtigen und sehr gemäßigten Optimismus zurückgekehrt, den sie bei Konferenzbeginn ausdrückten. Vorübergehend waren die Hoffnungen gestiegen. Sie bezogen sich vor allem auf die Rolle, die, wie man meinte, die französische Delegation für eine Ost-West-Entspannung spielen könne. Der schnelle Uebergang zur Tagesordnung wird als Werk Bidaults angesehen, dessen Verhandlungstaktik und Erklärungen sehr viel offene oder stillschweigende Zustimmung in Kreisen finden, die sonst die Außenpolitik der Regierung kritisieren.

Nach den Berliner Berichten von Korrespondenten, die als gut informiert gelten, hat Bidault den amerikanischen Außenminister Dulles dazu bewogen, die sowjetische Tagesordnung anzunehmen und mit der Erörterung der Fünferkonferenz zu beginnen. Der gleichen Quelle zufolge sind in der französischen Delegation Hoffnungen auf ein Verfahren zur Beendigung des Krieges in Indochina erweckt worden. Auch in den Stellungnahmen Molotows zum Ost-West-Handel glaubt man Gründe für eine sowjetische Kompromißbereitschaft zu sehen.

Dagegen werden für die Entwicklnug der deutschen Frage wenig hoffnungsvolle Prognosen gestellt. Nach dem Vorschlag Molotows zu einer Abrüstungskonferenz, der hier als reiner Ablenkungsversuch und als Verwirrungsmanöver verbucht wird, sind die Erwartungen noch um einige Grade gesunken.

Allgemein wird hervorgehoben, daß Molotow eine größere Aktionsfreiheit zeige, als sie früher sowjetische Minister an den Tag gelegt hätten. Man unterstreicht, daß Eden sich bisher sehr zurückhalte und man glaubt, daß er in der deutschen Frage einen Kompromißversuch unternehme, gibt ihm aber wenig Chancen.

In den fünfziger Jahren schafften es manche Zeitgenossen, auf der ersten Seite abgebildet zu werden. Es waren:
Léon Blum am 31. 3. 1950;
Elly Heuss-Knapp am 21. 7. 1952;
Kurt Schumacher am 22. 8. 1952;
Dwight D. Eisenhower am 6. 11. 1952;
Josef Stalin am 7. 3. 1953;
Lawrentij Berija am 11. 7. 1953;
König Ibn Saud am 10. 11. 1953;
Theodor Heuss am 30. 1. 1954;
Friedrich Meinecke am 8. 2. 1954;
Pierre Mendès-France am 19. 6. 1954;
Otto John am 23. 7. 1954;
Getulio Vargas am 25. 8. 1954;
Piero Piccioni am 23. 9. 1954;
Andrej Wyschinski am 23. 11. 1954;
Winston Churchill am 30. 11. 1954;
Wilhelm Furtwängler am 1. 12. 1954;
Nikolai Bulganin, Nikita Chruschtschow, Georgij Malenkow am 9. 2. 1955;
Anthony Eden am 7. 4. 1955;
Rupprecht von Bayern am 3. 8. 1955;
Pierre Boyer de la Tour am 31. 8. 1955;
Nikolai Bulganin und Konrad Adenauer am 10. 9. 1955;
Nikolai Bulganin, Wjatscheslaw Molotow, Wladimir Semjonow und Konrad Adenauer am 12. 9. 1955;
Nikolai Bulganin, Wjatscheslaw Molotow, Konrad Adenauer und Georgij Malenkow am 13. 9. 1955;
Nikita Chruschtschow, Konrad Adenauer, Nikolai Bulganin, Wjatscheslaw Molotow und Heinrich von Brentano am 14. 9. 1955;
Gamal Abdel Nasser am 28. 7. 1956;
Wilhelm Filchner am 8. 5. 1957;
Egon Reinert am 21. 5. 1957;
Otto Suhr am 31. 8. 1957.

Dann dauerte es mehr als dreißig Jahre, bis wieder ein Bild auf der ersten Seite erschien: im „Extrablatt" am 12. November 1989 der Durchbruch der Mauer am Potsdamer Platz und am 4. Oktober 1990 die Feier der Einheit vor dem Reichstag.

Dank

Der mühseligen Arbeit des Durchforstens von fünfzig Jahrgängen der Frankfurter Allgemeinen Zeitung oder aufwendigen Recherchen unterzogen sich:

Bela Bode, Franz Bracke, Klaus Brandstetter, Dieter Eckart, Claus Eckert, Thomas Frisch, Hans Haibach, Albrecht Klein, Esther Klemm, Andreas Kuther, Peter Lonke, Stefan Maurer, Christine Reuter, Peter Sturm, Dirk Zimmer

Vielfältige fototechnische und organisatorische Arbeiten erledigten:

Dietmar Gentzsch, Cornelia Hennig, Georg Reichardt, Matthias Sauerbier sowie Mohamed Saleh Baiazid, Matthias Heinrich, Ulf Lorenz, Alexander Sezer

Bildnachweis

Vorbild Seiten 4 bis 12: Andreas Böttcher
Seite 17: Liselotte Strelow, Theatermuseum Düsseldorf
Seite 25: Paul Popper, Fotoagentur Transglobe in Hamburg
Seite 28: Otto Steinert, Museum Folkwang Essen
Seite 29: Fritz Eschen, Deutsche Fotothek Dresden
Seite 31: Heinz Hajek-Halke, Michael Ruetz in Berlin
Seite 46: Walde Huth, Herbert Locher in Köln
Seite 60: Chargesheimer, Rheinisches Bildarchiv in Köln
Seite 110: Thomas Höpker, Fotoagentur Focus, Hamburg

Hinweis: Aus technischen Gründen wurden zwei Fotos aus jeweils zwei Teilen zusammengesetzt.
In drei Fällen mussten in der Zeitung veröffentlichte Bilder im Buch durch ähnliche Motive ersetzt werden.

Organisation: Claudia Gangl
Bildbeschaffung: Barbara Pechar
Fotolabor: Christine Michael
Textverarbeitung: Linde Storm
Layout: Judith Fuß

Lithografie: A.R.T., Hannover
Druck: Jütte-Druck, Leipzig
Gedruckt auf Ikonosilk 150g von Zanders
(geliefert von Papier Union)
Bindung: Kunst- und Verlagsbuchbinderei, Leipzig

Die Deutsche Bibliothek – CIP-Einheitsaufnahme
Bilder in der Zeitung/hrsg. von Christian-Matthias Pohlert.
Mit Betrachtungen von Eckhard Fuhr.
München: Keyser, 1999
ISBN 3-87405-247-8